MCS

時短

簡単

お手軽食材で栄養がとれる

野菜+たんぱく質 楽楽レシピ

金丸絵里加 監修

Gakken

はじめに

台所に立つ。食事をつくる。けっこう面倒なことです。ましてや野菜とたんぱく質をバランスよくとれる料理となると……、つくる前から投げ出したくなってしまいそう。

野菜を丸ごと買っても、一人暮らしや二人暮らしでは使いきれずに腐らせて捨てることになってしまいがち。そうなると「もったいない」という思いが先にたち、食べたい野菜をあきらめざるを得ないこともでてくるでしょう。

ここで、考え方を１８０度変えてみてはいかがでしょうか？使いやすいサイズにカットされパッケージされた野菜や、冷凍されたカット野菜などを日常的に利用することで、ムダと手間を省いて調理のハードルを下げてしまえばよいのでは？

野菜の下準備は手数が多く、サラダで使う生野菜ですら、洗う↓水きり↓カットという手順が待っています。それがほうれん草のお浸しともなれば、洗う↓ゆでる↓水にさらす↓水けを絞る↓カットする↓だしとしょうゆを合わせて浸す。これだけの手間がかかります。

考えただけで気が遠くなりそう……。

しかし、カット野菜ならパッケージから皿に出し、ドレッシングをかけるだけでサラダは完成し、冷凍ほうれん草なら、だしじょうゆをかけてチンするだけでお浸しは完了します。

めちゃくちゃ簡単です。

カット野菜も冷凍野菜も、今はスーパーやコンビニエンスストアで多く販売されるようになり、その種類も増えています。本書は、市販のカット野菜や冷凍野菜を使ってスピーディーにつくれるレシピを70掲載しています。

手順の多い（と思われている）調理をあきらめずに、栄養とバランスのとれた食事を楽しむための一助となれば幸いです。

もくじ

2章 冷凍野菜は救世主だ！

本書の読み方

食が細くなって、丸ごと野菜を使いきれない
台所に立つのが面倒、料理が初めて……
そんなあなたに！

各章ごと1〜2見開き単位で
メインとなる食材を使ったメニューを紹介

同じ材料を使った、
アレンジメニューを
紹介します

使用する野菜の
メインメニューを
紹介します

たんぱく質は
手に入りやすいものを
チョイス

各章を
読み進めると、

調理へのハードルが下がって、台所に立つ意欲が湧いてきます。

イラスト●玉田紀子
撮　影●久保寺誠
調理協力●グリーンフード株式会社テストキッチン
装丁・本文デザイン●山本史子・今泉明香（ダイアートプランニング）
編集協力●松本紀子・吉田 香（オフィス朔）
　　　　弘中ミエ子（ガーリックプランナーズ）
企画編集●藤原蓉子

5分　調理にかかる時間の目安です。

※電子レンジ、トースターは600wを使用。レシピ内の加熱時間は目安です。火力や電子レンジのメーカー、仕様によって火の通り具合は異なりますので、調理の際はしっかり火が通っていることを必ずご確認ください。
※めんつゆは2倍濃縮を使用。

第1章

カット野菜は正義だ！

カット野菜は正義だ！

「カット野菜なんて……もったいない。丸ごと買ったほうが絶対お得なはず。それに栄養価だって落ちちゃうんじゃないの？」

そんな昭和的な思考で、カット野菜を利用することに二の足を踏む人もいることでしょう。

でも、ちょっと考えてみれば……。

確かに価格だけを比べれば、割高になるのは否めませんが、**ムダを出さないという観点で考えるとどうでしょう？**

たとえば、キャベツ。ひと玉丸ごと購入して、果たしてムダなく使いきることができますか？　そう問われれば……難しいのでは？

カットキャベツ1袋を100gとすると、キャベツひと玉がだいたい1kg〜1・2kgなので、カットキャベツ1袋は1/10カット分、葉であれば2〜3枚分ということになります。

キャベツをひと玉購入した場合、毎日

お料理1回分はコレ！
生ごみも出ないわよ〜！
カットキャベツ

100gずつ食べたとしても、消費までに10日間かかります。一人暮らしの人は、野菜はキャベツだけを食べ続けることになってしまいます。大家族でもない限り、キャベツひと玉を使うのは難しく、冷蔵庫の場所をふさぎ、電気代をかけ、そして腐りかけてあきらめがついたらようやく廃棄することに。

だったら、最初から使いきれるカット野菜を使うことは、SDGsの観点からも正義ともいえます。

さらに、カット野菜はすでに洗浄されているので、そのまま使えるというメリットも。包丁やまな板、ざるも使わないので、調理へのハードルがぐっと低くなります。そうなれば、野菜を毎日きちんととることも簡単にできるはずです。栄養価も、カット野菜とまるごと野菜との違いはほとんどありません。

もう罪悪感を持たず、カット野菜を使ってみませんか？

サラダだけじゃもったいない！ ベビーリーフ

彩りもお味もランクアップ！

ベビーリーフ

ベビーリーフは、葉野菜が発芽してから30～50日以内に摘みとったものを数種類合わせたものです。とても柔らかいのが特徴。

ルッコラ、水菜、ピノグリーン（小松菜）、ターサイ、レッドマスタードなどのアブラナ科に含まれるイソチオシアネートは抗酸化・抗炎症作用に優れ、細胞や血管の老化防止効果が期待されているので生活習慣病予防にもつながります。イソチオシアネートは加熱すると量が減るので、あまり火を通さないほうがおすすめです。

レンチン カルボナーラ

12分

カット野菜
ベビーリーフ

たんぱく質
ベーコン

材料　1人分（つくりやすい分量です）

ベビーリーフ………… 小1パック
スパゲッティ………………… 100g
ベーコン……………………… 2枚
水…………………………… 1カップ
コンソメスープの素… 小さじ1/2
塩…………………………… 少々
おろしにんにく
(チューブ)…………… 1〜1.5cm
粗びきこしょう……………… 適宜

＜卵液＞

溶き卵……………………… 1個分
オリーブ油………………… 小さじ1
粉チーズ…………………… 大さじ2

1 ベーコンは1㎝幅に切り、卵液の材料は混ぜておく。

2 耐熱ボウルに水とコンソメスープの素、塩、おろしにんにくを入れて混ぜる。そこに半分に折ったスパゲッティを加え、さらに1のベーコンを散らし、ラップをかけずに電子レンジで6分加熱する。
※スパゲッティの状態をみて、加熱が足りない場合は30秒ずつ加熱

3 レンジから取り出して軽く混ぜ、すぐに卵液を加えスパゲッティに絡むように混ぜ合わせる。
最後にベビーリーフを加えて全体を軽く混ぜて器に盛り、好みで粗びきこしょうをふる。

パスタを
うどんに替えても
おいしくいただけます!!

合わせ技で変幻自在なレタスミックス

レタスミックスと豆腐の韓国風サラダ

8分

カット野菜 レタスミックス

たんぱく質 木綿豆腐

材料　1人分

レタスミックス …………………… 1/2袋
カットわかめ（乾燥）…… 小さじ1・1/2
トマト ……………………………… 1/2個
木綿豆腐 …………………… 1/6丁（50g）
炒り白ごま ………………………… 適量

＜ドレッシング＞

コチュジャン …………………… 小さじ1
ぽん酢しょうゆ ………………… 小さじ2
ごま油 ………………………… 小さじ1/2

1 わかめを水で戻し軽く水けをしぼる。トマトはひと口大（3cm角程度）の乱切りにする。木綿豆腐は水けを切り、ひと口大よりやや大きめにちぎる。

2 ボウルにドレッシングの材料を入れてよく混ぜ、レタスミックスと1を加えて全体を軽く混ぜる。
トマトを加えて器に盛り、炒り白ごまを散らす。

レタスミックスとカリカリベーコンのシーザーサラダ

ごまの香りが食欲をそそる

5分

カット野菜：レタスミックス
たんぱく質：ベーコン

材料　1人分

レタスミックス …………………………… 1/2袋
ベーコン ……………………………………… 1枚
トマト ………………………………………… 1/2個

＜ドレッシング＞

マヨネーズ ………………………… 大さじ1
（ヘルシーにしたいときは、半量をプレーンヨーグルトに代えて）
パルメザンチーズ ……………… 大さじ1/2
レモン汁 ……………………… 小さじ1・1/2
（酢で代用も可）
おろしにんにく(チューブ) ………… 0.5cm
（あれば粒マスタード ………… 小さじ1/2）

1 ベーコンは2㎝幅に切り、耐熱皿にキッチンペーパーを敷いて重ならないように並べてラップをかけずに1分加熱する。トマトはひと口大の乱切りにする。

2 ボウルにドレッシングの材料を入れてよく混ぜ、レタスミックス、トマトを加えて軽く混ぜて器に盛り、カリカリベーコンを散らす。

ベーコンがアクセントに！

瓶詰めのカリカリベーコンを使えばもっとラクチン

縁の下でも力を発揮！せん切りキャベツ

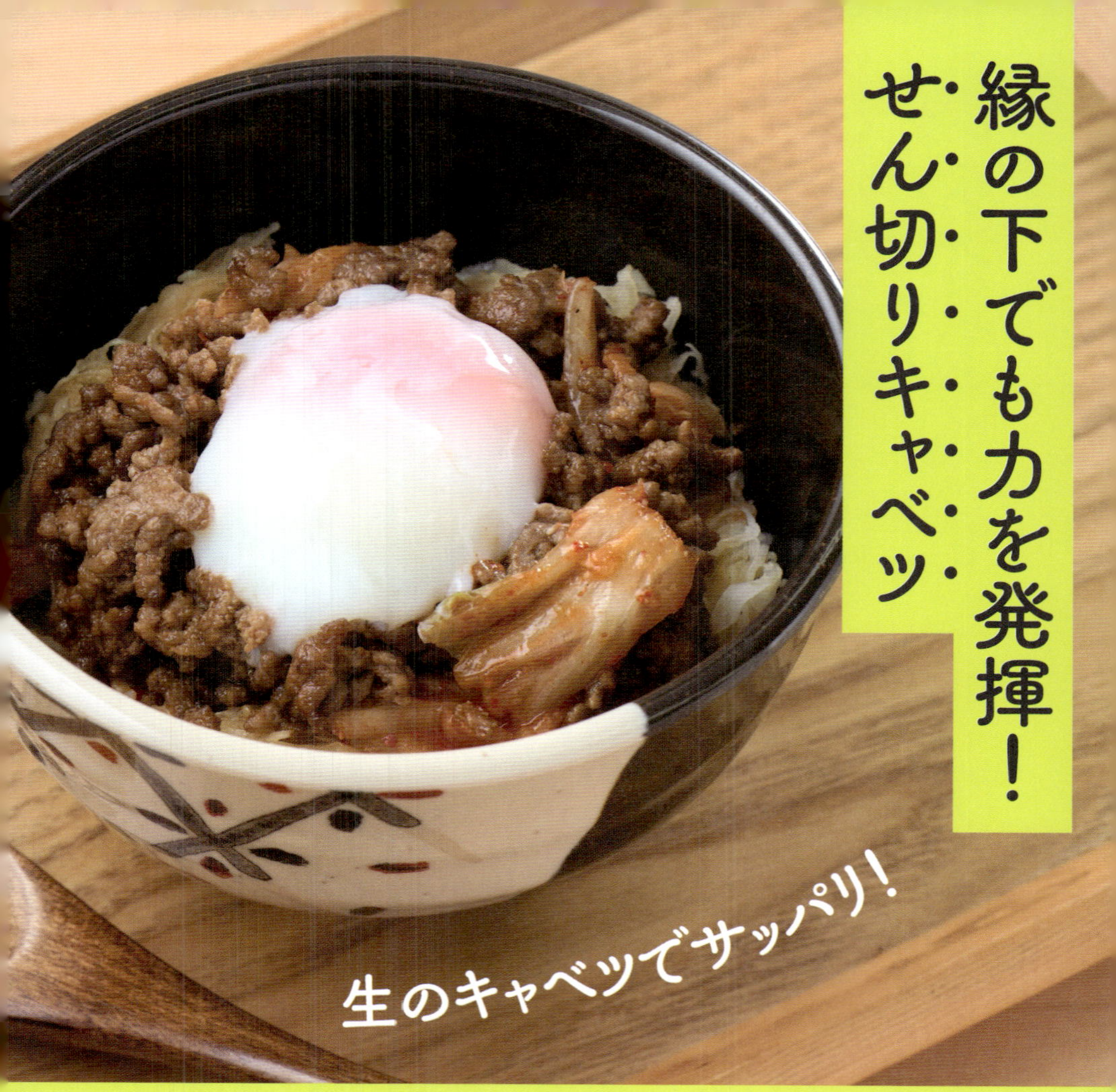
生のキャベツでサッパリ！

キャベツ

ミネラルや、ビタミン類が豊富なキャベツ。中でも免疫力を高めるビタミンCや骨粗鬆症にも有効だといわれているビタミンK、胃腸を丈夫にするビタミンU（キャベジン）が注目成分です。ビタミンC、Uとも水溶性なので、生食がおすすめ。ただし、ビタミンKは脂溶性なので油で調理すると吸収率がアップされます。

また、生のせん切りキャベツは殺菌作用のあるイソチオシアネートの活性が期待できます。

せん切りキャベツとひき肉ビビンバ

せん切りキャベツはレンチンするとしっとりおいしくいただけます

材料　1人分

せん切りキャベツ ···· 大1/2袋(75g)
白菜キムチ ························· 30g
ごはん ····························· 1膳分
合いびき肉 ························· 75g
ごま油 ······················· 小さじ1/2
温泉たまご ························· 1個

＜調味液＞

おろしにんにく(チューブ) ···· 0.5cm
コチュジャン ···················· 小さじ1
しょうゆ・みりん ·········· 各小さじ1/2

10分

カット野菜
せん切りキャベツ

たんぱく質
ひき肉

1 フライパンにごま油を中火で熱し、合いびき肉をほぐしながら炒め、肉の色が変わってきたら調味液を加えて汁けがなくなるまで炒める。

2 器にごはんを盛りせん切りキャベツを載せ、その上に1、食べやすく切った白菜キムチを盛り合わせ、温泉卵を割り載せる。

韓国の家庭料理の代表格・ビビンバ

ご飯の上にナムル（野菜や山菜、海藻などを塩やしょうゆ、ごま油、にんにくなどで味付けした和え物）や味付けしたひき肉、卵などを彩りよく盛りつけた料理。「ビビン」は混ぜるという意味、「バ（ム）」はご飯。丼に盛ってスプーンで混ぜ合わせてからいただくのが一般的です。

たんぱく質とのコラボ力抜群
せん切りキャベツ

トマトと鮭で旨みの二乗

キャベツと甘塩鮭の バタポンレモン蒸し

8分

カット野菜：せん切りキャベツ
たんぱく質：鮭

材料　1人分

甘塩鮭	1切れ
せん切りキャベツ	大1/2袋(75g)
ミニトマト	3個
レモン(輪切り)	2枚
バター	5g

＜たれ＞

ポン酢しょうゆ	大さじ1/2
酒	小さじ1

※写真は2人分です

1 たれを混ぜ合わせておく。ミニトマトは半分に切っておく。

2 耐熱皿にせん切りキャベツを敷き、レモンを散らして甘塩鮭を置き、ミニトマトを載せる。

3 2にたれを回しかけ、バターをちぎって散らしたら、ふんわりとラップをかけて電子レンジで3～4分加熱する。

キャベツと甘塩鮭のごまみそ蒸し

ほぼちゃんちゃん焼！

材料　1人分

甘塩鮭 ………………… 1切れ
ミニトマト ………………… 3個
せん切りキャベツ …… 1/2袋
カットしめじ …………… 1/2袋
＜たれ＞
すり白ごま ………… 小さじ2
みりん …………… 大さじ1/2
砂糖・しょうゆ …. 小さじ1/2
みそ ……………… 小さじ1/2
ごま油 ……………… 小さじ1

1 たれを混ぜ合わせておく。甘塩鮭、ミニトマトは半分に切っておく。

2 耐熱皿にせん切りキャベツを敷き、上にしめじを散らして、1を載せる。

3 2にたれを回しかけ、ふんわりとラップをかけて、電子レンジで3～4分加熱する。

8分

カット野菜　せん切りキャベツ

たんぱく質　鮭

キャベツと甘塩鮭のトマトチーズ蒸し

材料　1人分

甘塩鮭 ………… 1切れ
せん切りキャベツ　1/2袋
トマト …………… 1/2個
ピザ用チーズ ……. 15g
粗びきこしょう …… 少々
＜たれ＞
マヨネーズ …… 小さじ1
しょうゆ ……. 小さじ1/2

鮭とマヨネーズなら間違いなし

1 たれを混ぜ合わせておく。トマトは7～8㎜厚さの半月切りにしておく。甘塩鮭は半分に切っておく。

2 耐熱皿にせん切りキャベツを敷き、上にトマトを並べ塩鮭を載せる。

3 たれを鮭にとトマトに塗り広げたら、ピザ用チーズを載せ、ふんわりとラップをかけて電子レンジで3～4分加熱する。好みで粗びきこしょうをふる。

8分

カット野菜　せん切りキャベツ

たんぱく質　鮭

レシピ本を見ながら料理をしたら…「なに、なに？　これ、どういうこと？」「わけ、わかりません！」　そんな体験はありませんか？
【材料】や《作り方》に記載された「どれくらい？」をまとめてしました。

計量編

材料で000gなどと表示されている場合は、スケール（秤）で計量します。そのほか調味料などは大さじ、小さじ、カップで計量することが一般的。計量スプーンの代用として、日常使っているテーブルスプーンとティースプーンが使えます。

大さじ＝15cc（ml）

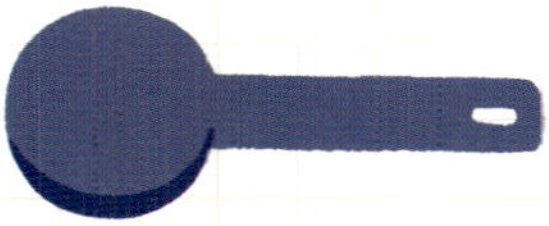

小さじ＝ 5cc（ml）

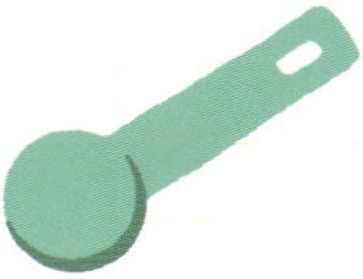

テーブルスプーン≒大さじ

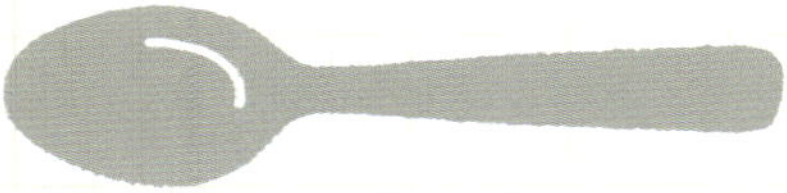

ティースプーン≒小さじ

1カップ＝200cc(ml)

炊飯器に付属している米の計量カップは、1カップ＝180cc(ml)なので要注意。これは 1合＝180cc(ml)によるもの。

最も混乱させるのが、「少々」「ひとつまみ」「適量」「適宜」といった表記でしょう。

実は「少々」と「ひとつまみ」は、ざっくりはしていますが決まりがあります。「少々」は、人差し指と親指でつまんだ量で、塩ならほぼ小さじ1／4量。「ひとつまみ」は、人差し指と中指と親指でつまんだ量です。

「適量」は味見をしていい感じになる量、「適宜」はなくても問題ないけれど、あったら使ってね、という意味です。とてもアバウトな指示ですので、適宜お好みで対応しましょう。

少々

ひとつまみ

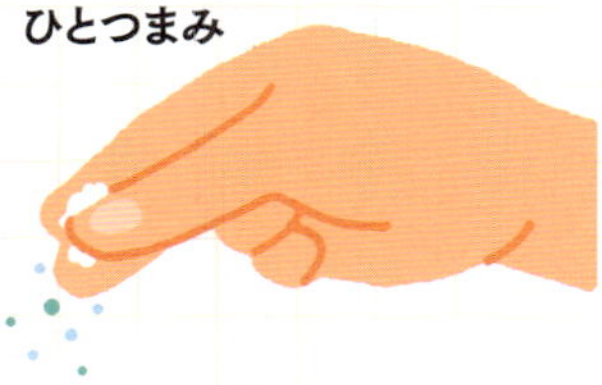

いまさら聞けない、レシピ用語の基本の「き」

ひとつまみって、どれくらい？

火加減編

最近のガスコンロやＩＨ調理器は、親切に弱火、中火、強火の表示がありますが、表示がないガス器具の場合は、鍋底と炎の関係で判断します。

とろ火　消えない程度の状態

弱火　鍋底に火がとどかない状態

中火　鍋底に火がとどいた状態

強火　鍋底を火がなめるような状態

あいまいな表現

火加減のほか、鍋の中の状態を表す用語があります。ぐらぐら、ぐつぐつ、ことことなど。なんとなくわかるような……、でも説明がつかない。そこで、ざっくりと説明しておきます。

ぐらぐら　**ぐつぐつ**

鍋の中身が対流するように煮立たせる（沸騰させている）こと。

ことこと

鍋の中身が踊らないように、静かに煮立っている状態。

炒め料理なら最強！野菜炒めミックス

野菜炒めミックス

野菜炒めミックスにはいろいろな種類がありますが、もやし、キャベツ、にんじん、玉ねぎ、ニラ、青梗菜、ピーマンなどが入ったものが一般的です。

メインになるもやしは、エネルギー代謝に欠かせないビタミンB_1やビタミンB_2、免疫力を高める効果があるビタミンC、高血圧予防に効果的なカリウムが豊富に含まれています。ニラには脂溶性のビタミンKが含まれています。

いろいろな野菜が一度にとれる野菜炒めミックスは使い勝手のよい食材です。

魚肉ソーセージのカレーソース炒め

アッという間に出来
野菜炒めミックスの代わりに
ニラもやしミックス、
キャベツミックスでもOK!!

材料　1人分

野菜炒めミックス …… 1/2袋
魚肉ソーセージ ……… 1本
ごま油 …………………… 小さじ2
＜調味液＞
カレー粉 ……………… 小さじ1・1/2
ウスターソース ……… 大さじ1/2
しょうゆ・片栗粉 …… 小さじ1
酒 ……………………… 小さじ1

10分

カット野菜
野菜炒めミックス

たんぱく質
魚肉ソーセージ

1 魚肉ソーセージは7〜8㎜厚さの斜め切りにする。調味液を混ぜ合わせておく。

2 強めの中火にフライパンをかけ、ごま油を半量入れて魚肉ソーセージを炒めて焼き色をつける。

3 野菜炒めミックスを加え、残りのごま油を回し入れて炒め混ぜる。

4 全体につやが出たら、混ぜ合わせた調味液を加え、野菜に火が通るまで炒め合わせる。

保存しやすい魚肉ソーセージは栄養も◎

魚肉ソーセージは高たんぱくな上に豊富なオメガ3脂肪酸が含まれているので、炎症を抑制する助けになります。また、ビタミンB_{12}、ビタミンD、セレンなど、ビタミンとミネラルも含まれています。
肉を使うソーセージに比べ低脂肪ですから、カロリーが抑えられるメリットもあります。

野菜炒めミックスは炒めなくてもイケる！

ごま油と豆板醤でなんちゃって中華

坦々スープ

10分

カット野菜
野菜炒めミックス

たんぱく質
豚ひき肉

材料　1人分

豚ひき肉	60g
おろしにんにく・ おろししょうが（チューブ）	各1cm
ごま油	小さじ1
豆板醤（チューブ）	1cm
野菜炒めミックス	1/2袋
鶏がらスープの素	小さじ1/2
水	1カップ
みそ・すり白ごま	各小さじ1
ラー油	適宜

1 鍋にごま油と豚ひき肉、おろしにんにく、おろししょうが、豆板醤を入れて中火で炒め、ひき肉の色が変わってきたら、水と鶏がらスープの素を入れて煮たてる。

2 1に野菜炒めミックスを加えて5分ほど煮たら、みそを溶き入れ、すり白ごまを加える。好みでラー油をたらす。

ちゃんぽん風スープ

10分

カット野菜
野菜炒めミックス
たんぱく質
豚ひき肉+うずら卵

材料　1人分

- 豚ひき肉 …… 50g
- うずらの卵(水煮) …… 2個
- おろしにんにく・おろししょうが(チューブ) …… 各1cm
- ごま油 …… 小さじ1
- 野菜炒めミックス …… 1/2袋
- 鶏がらスープの素 …… 小さじ1/2
- 水 …… 1/2カップ
- 無調整豆乳 …… 1/2カップ
- みそ・すり白ごま …… 各小さじ1
- オイスターソース …… 小さじ1/2

オイスターソースがだしになる

1 鍋にごま油と豚ひき肉、おろしにんにく、おろししょうがを入れて中火で炒め、ひき肉の色が変わってきたら、水と鶏がらスープの素とオイスターソースを入れて煮たてる。

2 1に野菜炒めミックスとうずらの卵を加えて、5分ほど煮たら、豆乳とみそ、すり白ごまを溶き入れかき混ぜながら温め、器に盛る。

トムヤム風スープ

10分

カット野菜
野菜炒めミックス
たんぱく質
豚ひき肉

ピリッと刺激的なエスニック

材料　1人分

- 豚ひき肉 …… 60g
- 野菜炒めミックス …… 1/2袋
- 赤唐辛子(半分に切る) …… 1/2
- おろしにんにく(チューブ) …… 1cm
- ナンプラー …… 小さじ1
- 砂糖 …… 小さじ1/2
- 水 …… 1カップ
- 鶏がらスープの素 …… 小さじ1/2
- レモン汁 …… 大さじ1/2
- 牛乳 …… 25ml
- パクチー …… 適宜

1 鍋にごま油とおろしにんにく、赤唐辛子、ナンプラー、砂糖を入れ、続いて豚ひき肉も加えて中火でしっかりと炒める。

2 肉に焼き色がついてきたら、水と鶏がらスープの素を加えて煮たてる。さらに野菜炒めミックスを加え約5～6分煮たら、牛乳とレモン汁を加えてかき混ぜて器に盛る。好みでパクチーを載せる。

皮むきもカットもいらない超便利 けんちん・とん汁セット

けんちん汁ととん汁との違いは？

けんちん汁ととん汁は、肉以外の素材はほぼ共通です。精進料理であるけんちん汁には肉は入りません。

鎌倉時代に建立された建長寺に由来していて、けんちん汁は建長汁がなまって、けんちん汁になったという説が有力です。

けんちん汁ととん汁のもうひとつの違いは、調味料です。けんちん汁はしょうゆベースで、とん汁はみそベースです。ちなみにけんちん汁は精進料理がベースであるため、だしにも動物性のものは使いません。

豚こまのもつ煮風

15分

カット野菜
けんちん・とん汁セット

たんぱく質
豚こま肉

材料　1人分

豚バラこま切れ肉 …………… 80g
けんちんの具 ……………… 100g
おろしにんにく（チューブ）…… 1cm
水 ……………………… 1/2カップ
酒 ……………………… 大さじ1・1/2
めんつゆ ……………… 大さじ1/2
みそ …………………… 小さじ1
しょうゆ ……………… 小さじ1/2
きざみ小ねぎ ………………… 適宜
七味唐辛子 ………………… 適量

1 深めのフライパンに豚バラこま切れ肉をできるだけ広げて中火にかけ、焼き色がついてきたら軽く炒め混ぜて、水けを切ったけんちんの具を加えて、さっと炒め混ぜる。

2 1に酒、めんつゆ、しょうゆ、おろしにんにく、水を加えて煮立ったら、弱火にし10分程度煮込む。お好みで、きざみ小ねぎを載せて七味をふる。

微妙に違う「こま肉」と「裁ち落とし肉」

こま肉は、肉を部位ごとに切り出したときに出るいろいろな部位の半端部分を集めた切れ端肉。

一方、裁ち落とし(切り落とし)は、特定の肉の部位（バラ、肩ロースなど）を形成するときに際に出る端材のことです。

いずれも炒め物、煮物にも使える万能選手です。

汁物以外でもお役立ち けんちん・とん汁セット

ぽん酢しょうゆが旨みを引き出す!

ツナとけんちんミックスの炊き込みごはん

5分 ※炊飯時間は別

カット野菜 けんちん・とん汁セット

たんぱく質 ツナ缶

材料　つくりやすい分量(約2人分)

白米……………………………1合
ツナ缶(水煮)…………1缶(60g)
けんちんの具………………100g
ぽん酢しょうゆ…………大さじ2
おろししょうが(チューブ)……1cm

1 炊飯器に洗った米を入れてツナ缶の汁、おろししょうが、ぽん酢しょうゆを加え、水(分量外)を1合の目盛りまで注ぎ入れて混ぜる。

2 1に水けをきったけんちんの具とツナを広げのせ、炊飯器で通常通りに炊く。炊き上がったら、さっくりと全体を混ぜて器に盛る。

鶏ひき肉とけんちんミックスの梅塩昆布ごはん

刻んだしその葉などを加えると、彩りと香りでおいしさアップ！！

5分

カット野菜：けんちん・とん汁セット

たんぱく質：鶏ひき肉

※炊飯時間は別

材料　つくりやすい分量（約2人分）

白米 ……………………………… 1合
鶏ひき肉 ………………………… 60g
めんつゆ …………………… 小さじ1
おろししょうが（チューブ）…… 1cm
けんちんの具 ………………… 100g
梅干し …………………………… 1個
塩昆布 ……………………… 大さじ1

1 鶏ひき肉にめんつゆとおろししょうがを軽く混ぜておく。

2 炊飯器に洗った米を入れ、水（分量外）を1合の目盛りまで注ぎ入れ、1を漬け汁ごと広げて加えたら、水けをきったけんちんの具を載せる。最後に種をとった梅干しをところどころにちぎって置き、通常炊飯。

3 炊き上がったら、塩昆布を加えて大きく混ぜて器に盛る。

昆布で追いだし！梅で食欲アップ

旨みが味の決めて

活躍の場は鍋だけに非ず 鍋ミックスは万能!!

鍋ミックス

鍋には欠かせない白菜をメインに、長ねぎ、きのこ（ぶなしめじやえのきだけ）、にんじん、水菜などの青菜をセットしたものが多いようです。

白菜にはナトリウムを排出させる作用のあるカリウムが豊富に含まれています。低カロリー・低糖質でもあるため、糖質制限などをしている人にはおすすめの野菜です。

白菜をひと玉使い切るのはなかなかハードですが、これなら気兼ねなく使える上、他のメニューへも応用がきくセットです。

鍋ミックスのほぼクラムチャウダー

15分

カット野菜
鍋ミックス

たんぱく質
ベーコン＋あさり

材料　1人分

ベーコン …………………… 1枚
あさり水煮缶 … 小1/2缶（50g）
鍋ミックス ………………… 100g
バター ……………………… 10g
小麦粉 ……………… 大さじ1

＜スープ＞
牛乳 ………… 150ml
鶏がらスープの素
……………… 小さじ1/2
しょうゆ ……… 小さじ1

1 ベーコンは細切りにする。鍋ミックスから青菜を取り除いておく。スープは合わせておく。

2 深めのフライパンにバターを入れて中火にかけベーコンを炒め、小麦粉を加えて粉っぽさがなくなるまで炒めたら、あさり水煮缶の汁を加えて溶きのばす。

3 2に青菜以外の鍋ミックスとスープを加える。フツフツとしてきたら火を弱めて混ぜ、野菜がしんなりしてきたら残りのあさり水煮を加えて煮立てる。

4 軽くとろみがついたら5〜6分煮て、塩、こしょうで味を調え、鍋ミックスの青菜を加えてひと煮立ちさせる。

汁ごといただくあさりの実力

あさりはコハク酸という旨み成分を多く含むため、よいだしがでます。また、アミノ酸の一種のタウリンが含まれていて、肝機能を高めたり、血中コレステロールや中性脂肪を減らしたりする働きがあります。不足すると味覚障害が起こるという亜鉛も含まれています。水溶性の栄養素が多いので汁ごといただくメニューがおすすめです。

汁物以外でも本領発揮！
鍋ミックスの隠れた才能

はんぺんがすべての旨みをGET

鍋ミックスと桜えびとはんぺんの煮びたし

6分

カット野菜：鍋ミックス

たんぱく質：桜えび+はんぺん

材料　1人分

鍋ミックス …… 1/4袋（50g）
はんぺん …… 1/2枚（50g）
桜えび …… 3g（大さじ1・1/2）
ごま油 …… 小さじ1

＜煮汁＞

水 …… 50cc
酒、みりん …… 各小さじ1
しょうゆ …… 小さじ1

※煮汁はめんつゆで代用可（小さじ2〜3）

1. はんぺんは縦半分に切り、1㎝幅に切る。
2. 鍋にごま油を中火で熱し、桜えびと鍋ミックスを入れてさっと炒めたら、煮汁の材料を入れて煮立てはんぺんを加える。
3. ふたをして野菜に火が通るまで3〜4分煮る。

鍋ミックスと ちくわの煮びたし

6分

カット野菜
鍋ミックス

たんぱく質
桜えび+ちくわ

はんぺんの代わりに、
さつま揚げやつみれでも
おいしくいただけます!!

材料　1人分

鍋ミックス ……… 1/4袋（50g）
ちくわ ……………………… 小1本
桜えび …… 3g（大さじ1・1/2）
ごま油 ……………… 小さじ1/2

＜煮汁＞

水 …………………………… 50cc
酒、みりん ………… 各小さじ1
しょうゆ ………………… 小さじ1
※煮汁はめんつゆで代用可（小さじ2〜3）

1 ちくわは斜め1.5㎝厚さの斜め切りにする。

2 鍋にごま油を中火で熱し、桜えびと鍋ミックスを入れてさっと炒めたら、煮汁の材料を入れて煮立たせ、ちくわを加える。

3 ふたをして野菜に火が通るまで3〜4分煮る。

切るのはちくわだけ！

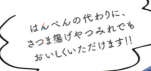

ぜるだけ！

ちょい載せだけじゃない！カット薬味ミックス

刻んだ長ねぎ、小ねぎ、
みょうが、しょうがなどが
セットになった「カット薬味」
麺類の薬味以外にも
使い道はたくさん！！

薬味とかにかまのレンチンチャーハン

8分

カット野菜　カット薬味

たんぱく質　かに かまぼこ +卵

材料　1人分

カット薬味 …… 1パック（30g）
かにかまぼこ …………… 6本
ごま油 …………… 小さじ1/2
溶き卵 ……………… 1個分
ごはん ……………… 1膳分

＜合わせだし＞

白だし ……………… 小さじ2
柚子こしょう ……… 小さじ1/3
（またはしょうゆ小さじ1/2）

1 かにかまぼこは半分に切ってほぐしておく。合わせだしの材料を混ぜておく。

2 耐熱ボウルにカット薬味とかにかまぼこ、ごま油を入れてラップをせずに、電子レンジで1分加熱する。

3 2に合わせだしとごはんを加え切るようにしてほぐし混ぜる。

4 溶き卵を回しかけたら軽くラップをして、電子レンジで2～3分加熱。加熱後すぐにとり出して、卵がほぐれるように混ぜて器に盛る。

薬味つくね焼き

15分

カット野菜：カット薬味

たんぱく質：鶏ひき肉+卵

材料　1人分

鶏ひき肉 …… 100g
カット薬味 …… 1パック(30g)
酒・みそ・オイスターソース …… 各小さじ1
ごま油 …… 大さじ1/2
卵白 …… 1個分
小麦粉 …… 大さじ1

<つけだれ>

しょうゆ …… 大さじ1
レモン汁・砂糖 …… 小さじ1
おろしにんにく(チューブ) …… 1cm
卵黄 …… 1個分

1 卵を卵黄と卵白に分ける。つけだれの材料を混ぜてたれをつくっておく。

2 ボウルに鶏ひき肉と酒、みそ、オイスターソース、卵白、小麦粉を入れてよく混ぜ、粘りが出たらカット薬味を加えてさらに混ぜ、5等分の小判型に丸める。

3 フライパンにごま油を強めの中火で熱し、2を並べ入れて2～3分焼いて上下に返し、弱めの中火にしてふたをして約5分蒸し焼きにする。器に盛り、たれを添える。

レンジでチンして混

つくねの主役は薬味!!

スーパーの店頭で「ちょっと使ってみようかな」、レシピ本を見て「あればいいな」ということで購入した調味料の数々。買った直後には使ったけれど、ほかの使い道がわからない……。

余ってしまい冷蔵庫の場所をふさぐ調味料の使い方をまとめてみました。

マヨネーズ編

野菜につけたり、炒め油代わりに使ったりするマヨネーズ。マヨラーなる愛好者もいるくらいで、マヨネーズはたいていの家に常備されています。どんな調味料とも相性抜群。とりあえず、マヨネーズと混ぜればかなりイケます!

柚子こしょう

わさび

甜麺醤《てんめんじゃん》

豆板醤《とうばんじゃん》

コチュジャン

＼おすすめは／
野菜スティックのディップに
肉野菜炒めなどの味付けに
サラダのドレッシング代わりに

冷蔵庫で長らく眠っていませんか？

調味料の使い切りアイデア

日常利用編

当たり前ですが、日常的に利用すれば調味料は使い切れます。ということは、残っている調味料を日頃のメニューにプラスして使ってみましょう。いつものメニューの味変も狙えます。メニューとの相性もあると思いますが、おすすめの調味料の使い方を提案します。ぜひお試しください！

みそ汁に入れる

調味料の塩分がプラスされることを考慮して、みそ汁を作るときに、みそを控えめにするのがコツ。それぞれ好みであとから加えます。

豚汁なら、中華もエスニックも和風もいけます。

＼おすすめは／
柚子こしょう
豆板醤
コチュジャン

唐揚げに利用

鶏肉などの唐揚げは家庭料理の定番。購入する人もいると思いますが、家でつくる人も少なくありません。一般的には下味をつけて片栗粉をまぶして揚げますが、この下味に各種調味料を使ってみては？

購入した唐揚げの場合は、マヨネーズディップに薬味セットプラスするだけで、マヨチキンに。

＼おすすめは／
わさび
柚子こしょう
豆板醤
甜麺醤
コチュジャン

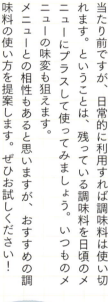

パターソースにプラスする

シンプルに焼いた肉にかけるバターソースにちょい足しするだけで、いろいろな風味が楽しめます。肉は、鶏・豚・牛を選びません。
肉だけでなく、白身魚のソテーに使うソースにも足してみてください。

＼おすすめは／
わさび
柚子こしょう
豆板醤
コチュジャン

炒め物の調味料として使う

肉と野菜を使った炒めものとの相性が抜群です。
特にキャベツ、白菜、もやし、ニラなら文句なし。
肉野菜炒めだけでなく、焼きそばにちょい足し、
インスタントラーメンの上に載せると味変が楽しめます。

＼おすすめは／
柚子こしょう
豆板醤
甜麺醤
コチュジャン

第2章

冷凍野菜は救世主だ！

冷凍野菜は救世主だ！

「野菜は新鮮なものを使いたいから、冷凍野菜はちょっと…」まさか、そんな昭和的な理由で敬遠している人はいませんよね？

冷凍野菜は、旬の時期に収穫されたものを急速冷凍で加工しているので、鮮度はむしろよいといえるのです。カット野菜に比べても保存が容易なので、〝ちょい使い〟もできて便利です。最近はおひとりさまでも便利な小さめのパッケージも見受けられるようになってきました。

ホームフリージングした野菜の賞味期限は2〜3週間程度ですが、工場出荷の冷凍野菜はだいたい1年程度は保存できるので、常備素材としての適正も十分。スーパーはもちろん、最近はコンビニなどでも扱っていますから、購入するにも便利です。

コロッケやハンバーグ、餃子など完成品の冷凍食品は普段使いしていても、素材として冷凍野菜を利用していないとい

わざわざ解凍しなくてもいいのよ！
冷凍野菜ミックス

う人、意外と多いのではありませんか？もしかすると「冷凍食品＝解凍しなくてはいけない」というイメージがあるのでハードルが上がっているのかもしれません。

しかし冷凍野菜は、解凍せずにそのまま加熱調理でき、解凍と同時に味付けもできてしまう便利モノです。

冷凍野菜には、ボイル済み、揚げたもの、生をカットしたものなど種類も豊富。いろいろ試して我が家の定番を見つけるのも手です。

包丁で切る必要もなく、下ゆでやらアク抜きやら面倒な手間は一切かからない上、野菜ゴミがまったく出ないこともキッチンの作業スピードを上げる要素といってもいいかもしれません。

「あっ、野菜がない！」というピンチにもお役立ち。常備野菜という考え方で市販の冷凍野菜をストックしてはいかがでしょうか。

どんなたんぱく質とも相性抜群 冷凍ブロッコリー

スーパーフード・ブロッコリー

　ブロッコリーは、緑黄色野菜の代表ともいえる野菜。含まれる栄養は野菜の中でもトップクラス。体の塩分を排出するカリウム、骨の形成に役立つビタミンKや粘膜を守るβ-カロテン、美肌によいとされるビタミンC、貧血予防に効果のある鉄や、DNAの合成に関わる葉酸（ビタミンB群）も含んでいます。加えて、解毒や抗酸化力を高めるファイトケミカル・スルフォラファンも含まれます。

　ブロッコリーを70g食べれば、1日に必要なビタミンCの量を摂取できるといわれています。

ブロッコリーと ソーセージのサブジ

スパイス香る
インドの炒め

15分

冷凍野菜
ブロッコリー

たんぱく質
ウインナソーセージ

材料　1人分

冷凍ブロッコリー	100g
ウインナソーセージ	2本
おろしにんにく（チューブ）	0.5cm
オリーブ油	小さじ1
クミンシード	少々（なくても可）
カレー粉	小さじ1/2
トマト水煮（ダイスカット）	50g
コンソメスープの素	小さじ1/2
塩・こしょう	少々

1 フライパンにオリーブ油を入れ中火にかけ、斜め4等分に切ったウインナソーセージ、クミンシード、おろしにんにく、カレー粉を一緒に炒める。

2 1にトマト水煮を加えて1分ほどかき混ぜながら煮詰める。冷凍ブロッコリーとコンソメスープの素を加え、ふたをして時々かき混ぜながら2〜3分蒸し煮にする。

3 ふたをとり、水けを飛ばしながら、トマトソースをからめるように炒め、塩、こしょうで味を調える。

カレーとは違うの？「サブジ」

サブジとはクミンやターメリック、コリアンダーやガラムマサラ、パプリカなどスパイスを活用した野菜の炒め煮・蒸し煮のこと。ここではウインナソーセージを使っていますが、サブジはベジタリアン料理の定番です。ちなみに、インドは人口の26.5%がベジタリアンというベジタリアン大国。ただし、乳製品は口にするライト・ベジタリアンが多いようです。

に

NO解凍で、ふた手間省略！
冷凍ブロッコリー最強説

ブロッコリーと豚こまのヤムニョム炒め

15分

冷凍野菜 ブロッコリー

たんぱく質 豚こま肉

材料　1人分

- 豚こま切れ肉 …… 60g
- 酢・みりん・片栗粉 …… 各小さじ1/2
- 冷凍ブロッコリー …… 75g
- ごま油 …… 小さじ1

＜たれ＞

- コチュジャン（チューブ） …… 2cm
- しょうゆ …… 小さじ1/2
- ケチャップ …… 小さじ1
- 水・酒 …… 各大さじ1/2

1 ポリ袋に豚こま切れ肉と酢、みりんを入れもみ込む。片栗粉を加え、さらにもみ込み下味をつけておく。たれは混ぜ合わせておく。

2 フライパンにごま油を中火で熱し、下味をつけた豚肉を入れてほぐしながら焼く。豚肉が白っぽくなったら、冷凍ブロッコリーを加えて炒める。

3 たれを加えて混ぜ、ふたをして弱めの中火で3～4分煮る。ふたを取って汁けを飛ばしながら味をからめる。

ブロッコリーと豚こまのクリームチーズ炒め

15分

冷凍野菜：ブロッコリー
たんぱく質：豚こま肉　クリームチーズ

材料　1人分

- 豚こま切れ肉 …… 60g
- 酒・しょうゆ・片栗粉 …… 各小さじ1/2
- 冷凍ブロッコリー …… 75g
- オリーブ油 …… 小さじ1
- クリームチーズ …… 1～2個(25g)

<たれ>

- みそ …… 小さじ1
- しょうゆ …… 小さじ1/2
- みりん …… 小さじ1

1 ポリ袋に豚こま切れ肉と酒、しょうゆを入れもみ込む。片栗粉を加え、さらにもみ込み下味をつけておく。たれは混ぜ合わせておく。

2 フライパンにごま油を入れ中火で熱し、下味をつけた豚肉を入れてほぐしながら焼く。豚肉が白っぽくなったら、冷凍ブロッコリーも加えて炒める。

3 たれを加えて混ぜ、ふたをして弱めの中火で3～4分炒め煮にしたら、クリームチーズを細かくちぎって加えて軽く炒め和えたら器に盛る。

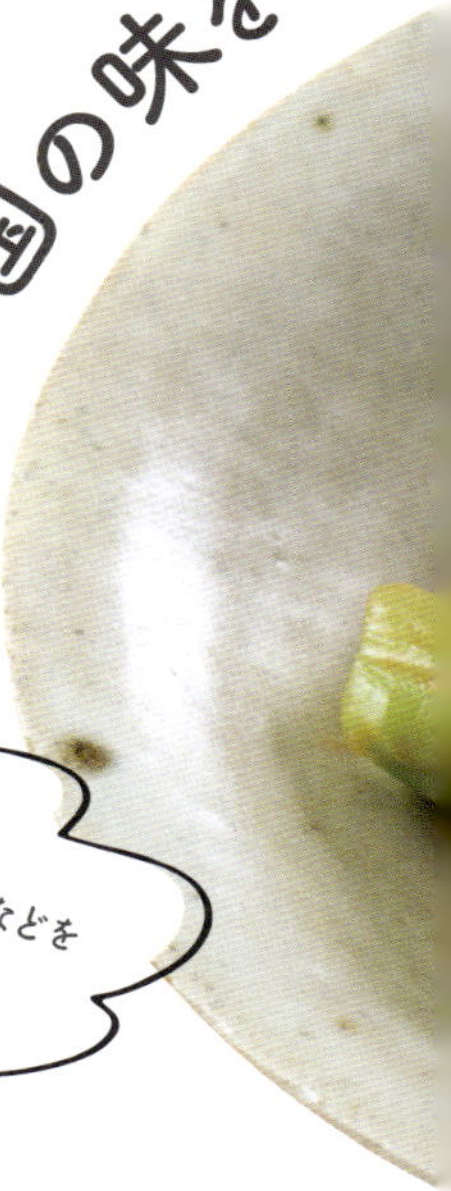

ヤムニョムとは、唐辛子やコチュジャンなどを混ぜてつくる韓国の万能だれ

クリームチーズでおいしさが倍に!

レンチンだけでおいしいまぜそば

下ゆで、アク抜き、カットが不要
冷凍ほうれん草

ほうれん草

ほうれん草には、カリウムや鉄、ビタミンA、ビタミンCが多く含まれています。

ほうれん草をはじめ、緑黄色野菜に含まれる鉄分は非ヘム鉄なので、単独で食べるよりも、動物性たんぱく質と一緒にとることで吸収率がアップします。

ただし、ほうれん草に含まれる「シュウ酸」がえぐみを感じさせるので、ゆでこぼしたあと水にさらしてアク抜きをする必要があります。

冷凍ほうれん草はこの手順が不要！

冷凍青菜の台湾まぜそば

材料　1人分

冷凍ほうれん草 …………… 100g
めんつゆ ………………… 小さじ1
豚ひき肉 ………………… 100g
中華麺 …………………… 1玉
※卵黄 …………………… 1個分
※きざみのり ……………… 適量
<たれ>
みそ・オイスターソース …. 大さじ1
ごま油 …………………… 小さじ1
砂糖 ……………………… 小さじ1

10分

冷凍野菜
ほうれん草

たんぱく質
豚ひき肉

1 耐熱ボウルにたれの材料を入れて混ぜ、豚ひき肉を加えて軽く混ぜ、その上に中華麺を乗せ、ふんわりとラップをかけて電子レンジで4分加熱する。

2 耐熱容器に冷凍ほうれん草を広げて入れ、めんつゆを回しかけてラップをせずに電子レンジで2分～3分加熱。

3 2の水けを軽く絞り、1と混ぜ合わせて、器に盛る。
※あればきざみのりと卵黄を載せ、食べるときに全体をよく混ぜていただく。

ほうれん草の代わりに
小松菜でも
おいしくできます

台湾にはない？　台湾まぜそば

台湾をルーツとする日本(名古屋)発祥といわれている麺料理。台湾ミンチといわれる、唐辛子とにんにくを効かせたしょうゆ味の肉そぼろを極太麺に乗せた汁なし麺で、刻んだ生ニラ、ねぎ、魚粉、卵黄、おろしにんにくをトッピングし、かき混ぜて食べます。麺を食べ終わった後に、ごはんを投入する食べ方が定番。

煮物も和え物も！
冷凍ほうれん草はすぐ使える

鍋に材料を
投入するだけで完成！

ほうれん草とがんもの おろし煮

5分

冷凍野菜 ほうれん草

たんぱく質 がんもどき

材料　1人分

冷凍ほうれん草 …………… 80g
がんもどき …………………… 1個
冷凍大根おろし …………… 70g
七味唐辛子 ………………… 適宜

＜たれ＞

おろししょうが(チューブ) …… 1cm
だし汁 ……………………… 1/2カップ
しょうゆ・みりん ………… 各小さじ2

1 がんもどきは4つに切る。

2 鍋にたれの材料を入れて煮たてる。冷凍ほうれん草と1を加えて煮る。

3 大根おろしを加えて混ぜ、1〜2分煮て全体が温まったら器に盛り、好みで七味唐辛子をふる。

ほうれん草とがんもの ごまじょうゆ和え

すぐにできる定番の副菜

冷凍野菜 ほうれん草
たんぱく質 がんもどき
8分

材料　1人分

冷凍ほうれん草 ………… 80g
がんもどき ………………… 1個
＜和えじょうゆ＞
すり白ごま ………… 大さじ1/2
しょうゆ ………………… 小さじ1
みりん ……………… 小さじ1/2
だし汁 ………………… 小さじ1
ゆずこしょう(チューブ) … 1cm

1 冷凍ほうれん草は耐熱皿に広げ入れ、電子レンジで3分加熱し、水けを軽く絞る。

2 がんもどきは半分に切ったあと2cm幅に切り、オーブントースターなどでカリッとするまで焼く。

3 ボウルに和えじょうゆの材料を入れて混ぜ、**1**と**2**を加えて和え器に盛る。

ほうれん草とがんもの チーズクリーム煮

バターもチーズもがんもに合う

冷凍野菜 ほうれん草
たんぱく質 がんもどき ピザ用チーズ
8分

材料　1人分

冷凍ほうれん草 ……………… 80g
がんもどき ………………………… 1個
バター ………………………………… 4g
水 ………………………………… 小さじ2
コンソメスープの素 … 小さじ1/2
牛乳 ……………………………… 大さじ2
ピザ用チーズ …………………… 15g
こしょう …………………………… 少々

1 がんもどきは4つに切る。

2 フライパンにバターを中火で溶かし、冷凍ほうれん草の水けが飛ぶようにして炒める。がんもどきを加えさっと炒めたら、水とコンソメスープの素、牛乳を入れてかき混ぜながら1～2分煮る。

3 火が通ってきたら、ピザ用チーズを加えて溶かしながら煮からめ、こしょうをふって味を調える。

副菜じゃなく主役になれる 万能冷凍いんげん

ちくわで実現！ えびチリもどき

ちくわといんげんのチリソース炒め

8分

冷凍野菜 いんげん

たんぱく質 ちくわ

材料　1人分

ちくわ（小）……………………… 2本
冷凍いんげん …………………… 50g
レタス ………………………………… 1枚
（なくても可）
おろしにんにく（チューブ）……… 1cm
ケチャップ ……………… 小さじ2・1/2
マヨネーズ ……………… 小さじ2・1/2
豆板醤（チューブ）……………… 1cm

1 冷凍いんげんは2cm長さの斜め切りにする（短ければカット省略）。ちくわは縦1/4に切り、いんげんの長さに合わせて切っておく。

2 フライパンにマヨネーズ小さじ1を入れて中火にかけ、いんげんを加え水けを飛ばすようにして1〜2分炒めたら、ちくわを加えてさっと炒め、豆板醤とマヨネーズ、ケチャップを加えて炒める。

3 器にレタスを広げ載せ、盛り付ける。

ちくわといんげんののりマヨトースト

5分

冷凍野菜 いんげん

たんぱく質 ちくわ

レタスやサンチュなどに
包んで食べると
韓国風!!

材料　1人分

食パン(6枚切り)…… 1枚
冷凍いんげん ………… 50g
ちくわ ………………… 小1本
めんつゆ ……… 小さじ1弱
みそ …………… 小さじ1/2
マヨネーズ ……… 小さじ2
焼きのり …………… 1/3枚
ピザ用チーズ ………… 15g

1 ちくわは斜め薄切りにする。冷凍いんげんを耐熱皿に載せ、めんつゆを回しかけて、電子レンジで1分30秒加熱して水けをしぼる。

2 食パンの上にみそとマヨネーズを混ぜて塗り広げ、その上にちぎったのりを広げ載せ、ちくわといんげんを並べて、ピザ用チーズを載せる。

3 オーブントースターでチーズが溶けて焼き色がつくまで焼く。

思いがけず
マッチするみそとチーズ

切らず、戻さず、いきなり調理
使い勝手のいい冷凍アスパラガス

オリーブ油との相性は間違いない

アスパラとししゃものアヒージョ

10分

冷凍野菜 アスパラガス

たんぱく質 ししゃも

材料　1人分

ししゃも……………………………4~5尾
冷凍アスパラガス…………………50g
塩……………………………………少々

＜調味オイル＞

おろしにんにく(チューブ)……2cm
赤唐辛子…………………………1本
オリーブ油………………50〜80ml

1 フライパンに調味オイルと冷凍アスパラガスを入れて中火にかける。

2 にんにくの香りが立ってきたら、ししゃもを加えてそのまま加熱する。

3 油がフツフツと煮立ってきたら、塩を加えて味を調え、火を弱め3〜4分煮る。

※ししゃもは油はねすることがあるので、あらかじめ水けをふき取っておき、油があまり熱くならないうちに加える。

アスパラとししゃもの七味チーズ焼き

15分

冷凍野菜：アスパラガス

たんぱく質：ししゃも　ピザ用チーズ

アヒージョはにんにくオイルで食材を煮込むスペイン料理
スキレットなどで調理するとそのまま食卓に出せます

材料　1人分

ししゃも……4~5尾
冷凍アスパラガス……50g
おろしにんにく(チューブ)……1cm
オリーブ油……小さじ1
ピザ用チーズ……30g
七味唐辛子……適量

1 フライパンにオリーブ油を入れて中火にかける。

2 冷凍アスパラガスを入れ、おろしにんにくも加えて色が鮮やかになるまで炒める。

3 重ならないようにししゃもを並べ、両面をさっと焼いたら、ピザ用チーズを広げ載せ、ふたをして弱めの中火にして蒸し焼きにする（焦げそうなら、白ワインを小さじ1〜2入れる）。

4 チーズが溶けたらふたを取り、チーズが少しこんがりしたら火を止め七味唐辛子をふる。

お酒のおつまみに最強

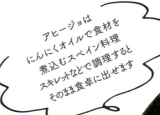

細切りだから火も通りやすい
冷凍フライドポテト

目からウロコのゆでないポテサラ

カレーヨーグルト ポテサラ

10分

冷凍野菜　フライドポテト

たんぱく質　ウインナソーセージ

材料　1人分

冷凍フライドポテト	100g
ウインナソーセージ	2本
きゅうり	1/3本
塩	ひとつまみ
ミックスナッツ	10g
＜ソース＞	
カレー粉	小さじ1/2
砂糖	ひとつまみ
マヨネーズ	小さじ2
プレーンヨーグルト	小さじ2

1 耐熱皿に冷凍フライドポテトを広げ入れ、電子レンジで2〜3分加熱し、軟らかくなったらフォークなどでつぶす。

2 きゅうりは薄切りにし塩をふってしんなりしたら水けを絞る。ウインナソーセージは斜め1㎝幅に切り油を敷かずにフライパンに並べ入れて焼く。

3 ボウルにソースの材料を入れて混ぜ、1と2、粗く刻んだミックスナッツを加えて混ぜ、器に盛る。

塩もみきゅうりとフライドポテトのしょうがじょうゆ炒め

10分

冷凍野菜：フライドポテト
たんぱく質：ウインナソーセージ

電子レンジでチンしていただく「冷凍フライドポテト」も素材として考えれば料理の幅が広がる!!

材料　1人分

冷凍フライドポテト …… 100g
ウインナソーセージ …… 2本
きゅうり …… 1/2本
塩 …… ひとつまみ
ごま油 …… 小さじ1

＜調味液＞
おろししょうが(チューブ) …… 1cm
しょうゆ …… 小さじ1
みりん …… 小さじ1/2

1 きゅうりは縦半分に切ってから斜め薄切りにし、塩をまぶして10分ほど置いてしんなりしたら水けを軽く絞る。ウインナソーセージは斜め2〜3等分に切る。

2 フライパンにごま油を入れ中火で熱し、ウインナソーセージを入れて焼き色がつくまで炒めたら、冷凍フライドポテトも加えて温まるまで炒める。

3 調味液の材料ときゅうりを加えて火を少し強め、大きく混ぜながら2分ほど炒めて器に盛る。

炒めたきゅうりがアクセント!!

食材を切るには包丁とまな板が必要。だから面倒になって、調理を投げ出してしまう。そんな経験はありませんか？

包丁やまな板を使わなくても、キッチンばさみさえあればOK！

あんなものも、こんなものもどんどん切ってみよう。

パッケージのまま切る①

せん切りキャベツパック 1/2 を使用する場合、秤にボウルを載せスケールの表示をゼロにして、ボウルに入れながら半量を計測する。これが常識かもしれません。もっとアバウトに簡単にはさみを使って半量をつくってみよう。

パッケージを平らにし、だいたいまん中くらいからザックリ切る。こうすれば、およそ半量になります。

パッケージのまま切る②

サラダチキンを1/2 使う場合、パッケージから出して、まな板の上に載せ 1/2 にカットする。これが常識的な切り方でしょう。しかし…パッケージから出す必要はありますか？

パッケージごと半分に切ったあと、好きなサイズに切り分けて終了。使わないほうはそのままラップで切り口を包むか、保存袋に入れて冷蔵保存します。

使う分だけ野菜を切る

ちょっとだけねぎが欲しい。ちょっとだけニラが欲しい。そのちょっとだけのために包丁とまな板を使う？　はさみならちょいちょいです。

ねぎやニラを切るなら、使う分だけ端から紙吹雪を切るかのごとくチョキチョキすれば完了。

包丁とまな板がなくても大丈夫！

キッチンばさみが大活躍！

薄い乾物を切る

もともと薄いモノを切るのは大得意なはさみ。包丁を使い慣れていないと素材を細く切るのは難しいかもしれません。しかし…はさみならいけます。

乾いた手でのりを持ったら、端から紙吹雪でもつくる要領でチョキチョキすれば完成です。細切りでも、短冊でも、なんだったら星型でも自由自在！

厚みのある素材を切る

こんにゃくのように厚みがあるものは、やっぱり包丁が必要ですよね。そんな常識は置いておいて、まずはチャレンジ。はさみを開いて刃と刃の間に素材が入れば、大体切れます。

こんにゃくを持つ、あとは、好きな厚みに切るだけ。はさみの刃が逃げやすいのですが、少しずつ切り分けていけば大丈夫。

※カーブのついたはさみがおすすめです。

料理を切る

ピザなどを切り分けるときには、ナイフかカッターを使うのが一般的。となると、どうしてもまな板も必要になります。しかし…大胆にはさみを使えば、皿の上で完結します。

はさみでピザを半分に切り、その後それを1/2もしくは1/3くらいを目安に切っていけばOK。ピザパンだってご覧の通り！ステーキも焼肉も、はさみで切れます。

※カーブのついたはさみがおすすめです。

煮物以外にも使える
冷凍さといも

みそピー味

さといものツナピーナッツみそ和え

10分

冷凍野菜　さといも

たんぱく質　ツナ缶

材料　1人分

冷凍さといも ……………………… 100g
ツナ缶(オイル漬)…… 1/2缶(70g缶)
小ねぎ輪切り ……………………… 適量
<和えだれ>
ピーナツバター(チャンクタイプ・有糖)
…………………………………… 大さじ1
みそ・酢 ……………………… 各小さじ1
砂糖 ………………………… 小さじ1/2
しょうゆ ……………………………… 少々

1 和えだれを混ぜ合わせておく。耐熱ボウルに重ならないよう冷凍さといもを入れて、ラップをかけずに電子レンジで5分加熱する。

2 さといもが温かいうちにフォークなどでざっくりと崩し、汁をきったツナと和えだれを加えて混ぜる。全体になじんだら器に盛り、小ねぎを散らす。

さといもと魚肉ソーセージの キムチみそ煮

15分

冷凍野菜：さといも

たんぱく質：魚肉ソーセージ

材料　1人分

冷凍さといも……100g
魚肉ソーセージ……1本
白菜キムチ……40g
小ねぎ輪切り……適量
＜煮汁＞
だし汁……125ml
酒……大さじ1
砂糖……小さじ1
みそ……小さじ1

1 魚肉ソーセージは1cmの斜め切りにする。

2 深めのフライパンにごま油を入れて中火で熱し、ソーセージに焼き目がつくまで炒める。白菜キムチと冷凍さといもを加えて炒め合わせる。

3 2に煮汁の材料を加え、煮立ったら火を弱めふたをして、さといもが軟らかくなるまで10分程度煮る。器に盛り、小ねぎを散らす。

食がすすむ

ピーナッツバターのチャンクタイプは粒を残したもの

キムチ&みその組み合わせが斬新

辛口がお好みの人は
ラー油を多めに使って!

素揚げしてあるから いきなり調理できる揚げなす

冷凍素揚げなす

特に中華料理では、なすは素揚げしてから調理に使うレシピが多く存在します。素揚げすることで、なすの水分によって味が薄まらない利点があるからです。

しかし、調理のたびに素揚げをする手間を考えると、その料理を敬遠することになってしまいます。

揚げた状態で冷凍されたものを使えば、ひと手間もふた手間も省けます。冷凍なので、常備しておくととても便利です。

サラダチキンと揚げなすのよだれ鶏風

なすにしみこんだ
たれが美味

10分

冷凍野菜
なす

たんぱく質
サラダチキン

材料　1人分

サラダチキン ………………… 小1枚
冷凍揚げなす（乱切り）……… 100g
バターピーナツ ………………… 10g
青み ……………………………… 適量
（パクチー、セロリの葉、小ネギなど）

＜和え汁＞

鶏がらスープ素 ………… ひとつまみ
（※サラダチキンの塩分により、量は調整する）
しょうゆ・砂糖 …………… 各小さじ1
酢・水 ………………………… 各大さじ1/2
ラー油 ………………………… 適量

1 サラダチキンは食べやすい大きさのそぎ切りにする。大き目のボウルで和え汁の材料を混ぜておく。

2 フライパンを中火で熱し冷凍揚げなすを入れる。なすに焼き色がつき中心に火が通るまで炒める。

3 なすが熱いうちに和え汁のボウルに入れて軽く混ぜ、器に盛る。その上にサラダチキンを並べ載せ、刻んだピーナツとパクチーを載せる。

なぜ「よだれ鶏」って呼ぶの？

よだれ鶏は、鶏肉をねぎやしょうがなどと共にゆでて、唐辛子・花椒・ラー油などが入った辛いタレで食べる中国四川地方を代表する冷菜。なぜ、これが「よだれ鶏」と呼ばれているのかは、メニュー名に答えがあります。中国語表記のメニュー名は「口水鶏」。口水は“よだれ”を意味するので、日本では“よだれ鶏”と呼ぶようになったようです。

たんぱく質ならなんでもアリ 相手を選ばない冷凍揚げなす

ビールのお供に最適!

揚げなすとコンビーフ、トマトのピリ辛みそ炒め

15分

冷凍野菜 なす

たんぱく質 コンビーフ

材料　1人分

冷凍揚げなす(乱切り)……100g

コンビーフ……1/4缶(25g)

トマト……1/2個

おろしにんにく(チューブ)……1cm

豆板醤……1cm

きざみ小ねぎ……適宜

＜合わせ調味料＞

みりん・みそ……各小さじ1

しょうゆ……大さじ1/2

1 トマトはなすのサイズに合わせて乱切りにする。合わせ調味料を混ぜておく。

2 フライパンを中火で熱し、冷凍揚げなすとコンビーフを入れて炒め、油がなじんできたら、おろしにんにくと豆板醤を加える。なすの色が鮮やかになるまで炒める。

3 合わせ調味料を加えて汁を絡めるように炒めたら火を止め、乱切りトマトを加えて大きく混ぜ合わせる。器に盛り、好みできざみ小ねぎを載せる。

揚げなすとコンビーフ、トマトのレンチンお浸し

10分

冷凍野菜　なす

たんぱく質　コンビーフ

コンビーフの代わりにスライスベーコンやレバーソーセージでも◎

材料　1人分

冷凍揚げなす（乱切り）……… 80g
トマト……… 1/2個
コンビーフ……… 1/4缶（25g）
きざみ小ねぎ…… 適宜（きざみパクチーでも可）

＜合わせ調味料＞

おろししょうが（チューブ）……… 1cm
めんつゆ……… 大さじ1/2
水……… 大さじ1・1/2

1 トマトはなすのサイズに合わせた乱切りにする。

2 耐熱ボウルで合わせ調味料の材料を混ぜ、冷凍揚げなすを入れる。ここにほぐしたコンビーフを載せてラップをふんわりとかけ、電子レンジで1分30秒〜2分加熱する。

3 粗熱がとれたらラップを外しトマトを加えて混ぜる。汁ごと器に盛り、好みできざみ小ねぎを散らす。

切るのはトマトだけ！

冷やしてから食べてもOK

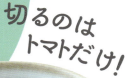

冷凍でもネバネバは健在！
冷凍きざみオクラ

ネバ×ネバで彩りも味もGood

きざみオクラの
ねばとろ釜玉うどん

15分

冷凍野菜 オクラ

たんぱく質 納豆＋卵

材料　1人分

冷凍うどん……1玉
めんつゆ……小さじ4
冷凍きざみオクラ……50g
納豆……1パック(40g)
カットわかめ……3g
かつお節……小1パック(1.5g)
温泉卵……1個

1 小さめのボウルに冷凍きざみオクラを入れて、めんつゆ小さじ1をかけて軽く混ぜて自然解凍させる(10分程度)。わかめは水で戻して水けを絞っておく。納豆は付属のたれを少々加えて混ぜておく。

2 冷凍うどんを耐熱皿に載せ、表記通りに電子レンジで加熱する。うどんが熱いうちに残りのめんつゆを加えて混ぜ、器に盛る。

3 解凍したオクラにかつお節を加えて混ぜ、うどんの上に載せ、納豆とわかめも盛り合わせ、中央に温泉卵を割り載せる。

納豆オクラの卵焼き

15分

冷凍野菜：オクラ

たんぱく質：納豆+卵

材料　1〜2人分

卵……2個
冷凍きざみオクラ……30g
めんつゆ……大さじ1/2
水……大さじ1
みりん……少々
納豆……1/2パック(20g)
大根おろし・しょうゆ……適宜

1 小さめのボウルに冷凍きざみオクラを入れて、めんつゆ小さじ1をかけて軽く混ぜて自然解凍させる(10分程度)。納豆は付属のたれを少々加え、軽く混ぜる。

2 ボウルに卵を割り入れてよく混ぜ、残りのめんつゆと水、みりんを入れてさらに混ぜたら、最後にオクラと納豆を加えて混ぜて卵液を作る。

3 卵焼きパンに油を熱し、厚焼き卵をつくる。焼き上がった卵は食べやすい大きさに切り分け、好みで大根おろしを添えてしょうゆをたらす。

※卵焼きパンは中火で熱してキッチンペーパーで油をなじませ、卵液の1/4量程度を広げ入れ、奥から手前に巻き、巻いた卵を奥に移動させて卵液を足し、卵を巻くを繰り返してつくる。

ネバネバ同士を卵がつなぐ!

解凍も簡単！
冷凍枝豆はおつまみの万能選手

ビールよりワインに合う枝豆

枝豆と丸ごとカマンベールチーズのガーリックオイル煮

10分

冷凍野菜　枝豆

たんぱく質　カマンベールチーズ

材料　2人分

カマンベールチーズ……1個
冷凍枝豆（さやつき）……150g
オリーブ油……100ml
おろしにんにく（チューブ）……2~3cm
赤唐辛子……1本
塩……小さじ1/2

1 カマンベールチーズは6〜8等分のくし形に切っておく。

2 小さめ鍋にオリーブ油とおろしにんにく、塩を入れて中火にかけ、香りが立ってきたら一度火を止め、中心に1を入れる。

3 チーズの周りに赤唐辛子と冷凍枝豆を入れて、再び中火にかけて5分程度煮る。

枝豆の
カレー粉ソテー

8分

冷凍野菜
枝豆

材料　1人分

冷凍枝豆(さやつき)……… 100g
カレー粉 ………………… 小さじ1/2
おろしにんにく(チューブ)…. 1cm
オリーブ油 ……………… 大さじ1/2
塩 ………………………………… 少々

1 フライパンにカレー粉とおろしにんにく、オリーブ油、塩を入れて中火にかける。

2 香りが立ってきたら、冷凍枝豆を加えてカレーが全体になじむまで3〜4分炒める。

ひと手間かければ
いつもの枝豆が
スペイン風おつまみに!

枝豆の両端をはさみで
カットしておくと
味がしみ込みやすい!
カレー粉で
一気にエスニック!

精進同士の組み合わせで

和風はもちろん中華風も！
炒め煮でOK、冷凍和野菜

和野菜と厚揚げの甘酢炒め

15分

冷凍野菜
和野菜ミックス

たんぱく質
厚揚げ

材料　1人分

冷凍和野菜ミックス ………… 100g
厚揚げ …………… 小1/2枚(60g)
ごま油 …………………… 大さじ1/2
おろししょうが(チューブ) …… 1cm
酒 ……………………………… 大さじ1
水 ……………………………… 50cc
鶏がらスープの素 …… ひとつまみ

<たれ>

砂糖・酢・しょうゆ …… 各小さじ1
ケチャップ ……………… 大さじ1/2
片栗粉 …………………… 小さじ1/2

1 厚揚げはキッチンペーパーにはさんで余分な油を吸い取り、縦半分に切ってから1cm幅に切る。たれを混ぜ合わせておく。

2 フライパンにごま油とおろししょうがを入れて中火で熱し、香りが立ってきたら冷凍和野菜ミックスを入れて炒める。つやが出てきたら厚揚げを加えてさっと混ぜ、酒を入れて煮たてる。

3 水、鶏がらスープの素を加えて、時々混ぜながら3〜4分ほど煮て火を通し、たれを加えて、大きく混ぜてとろみが出るまで炒める。

和野菜と厚揚げの中華煮

15分

冷凍野菜 和野菜ミックス
たんぱく質 厚揚げ

材料　1人分

冷凍和野菜ミックス……… 100g
厚揚げ………… 小1/2枚(60g)
ごま油…………………… 小さじ1
おろししょうが(チューブ)‥ 5mm
酒……………………… 大さじ1
水……………………… 50cc
鶏がらスープの素…… 小さじ1/2
水溶き片栗粉……… 大さじ1/2
(片栗粉小さじ1／2を水大さじ1で溶く)
オイスターソース…… 大さじ1/2
しょうゆ・砂糖…… 各小さじ1/2

1 厚揚げはキッチンペーパーにはさんで余分な油を吸い取り、縦半分に切ってから1cm幅に切る。

2 フライパンにごま油とおろししょうがを入れて中火で熱し、香りが立ってきたらの冷凍和野菜ミックスを入れて炒める。つやが出てきたら厚揚げを加えてさっと混ぜ、酒を入れて煮たてる。

3 2に水、鶏がらスープの素を加えて時々混ぜながら3～4分ほど煮て、オイスターソース、しょうゆ、砂糖を加えて5分ほど煮込む。最後に水溶き片栗粉を加えて大きく混ぜてとろみをつける。

中華にも変身できます!

厚揚げの代わりに
つみれなどの
練り物も!

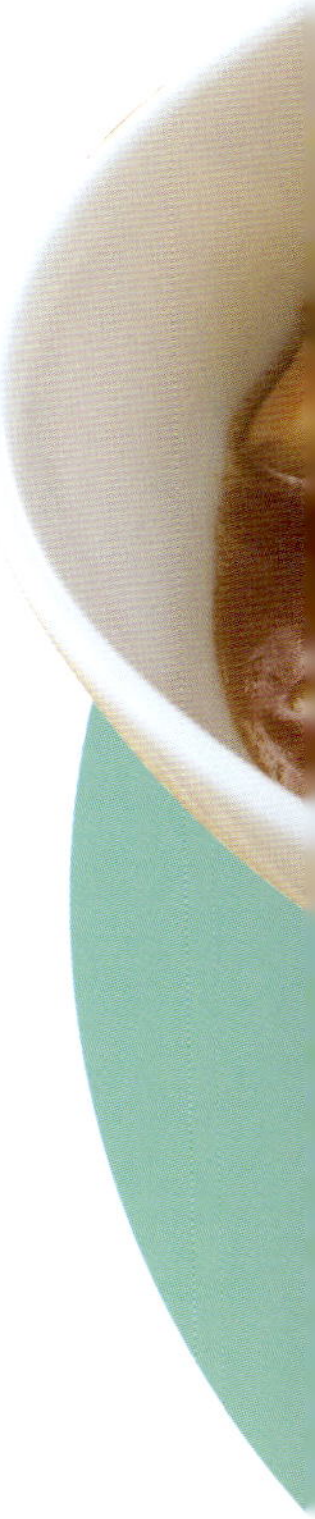

彩りもキレイ！
すぐに使える洋野菜ミックス

洋野菜ミックスのレンチンクリームシチュー

15分

冷凍野菜：洋野菜ミックス
たんぱく質：ウインナソーセージ

材料　1人分

冷凍洋野菜ミックス……100g
ウインナソーセージ……3本
カットしめじ……1/3袋（30g）
バター……5g
粗びきこしょう……適宜

＜シチューソース＞

牛乳……80ml
水……50ml
クリームシチュールー……20g
みそ……小さじ1/2

1 耐熱ボウルに冷凍洋野菜ミックスとしめじを入れ、斜め半分に切ったウインナソーセージを載せる。シチューソースの材料を加え、バターをちぎって載せ、ふんわりとラップをかけて電子レンジで4分加熱する。

2 一度電子レンジから取り出し、均一になるまでよく混ぜ合わせる。

3 再びラップをかけて3〜4分加熱し、よく混ぜて器に盛り、好みで粗びきこしょうをふる。

簡単レンチン マカロニグラタン

18分 / 冷凍野菜 洋野菜ミックス / たんぱく質 ウインナソーセージ

材料　1人分

冷凍洋野菜ミックス	80g
ウインナソーセージ	3本
カットしめじ	1/4袋（25g）
早ゆでマカロニ	30g
小麦粉	大さじ1・1/2
バター	5g
牛乳	150ml
コンソメスープの素	小さじ1/2
みそ	小さじ1
ピザ用チーズ	20g

1. 耐熱ボウルに早ゆでマカロニと冷凍洋野菜ミックス、斜め4等分に切ったウインナソーセージを入れ、小麦粉を加えて全体に絡まるように混ぜる。

2. 1に牛乳とコンソメスープの素を加えてさらに混ぜ、バターをちぎり載せる。ふんわりとラップをかけて、電子レンジで3分加熱する。

3. 一度電子レンジから取り出し、みそを加えて底からよく混ぜて、ラップをせずに2分30秒加熱する。

4. 塩、こしょうで味を調え、グラタン皿に移してピザ用チーズを載せ、オーブントースターで焼き色がつくまで5〜10分焼く。

2章　冷凍野菜は救世主だ！

冷凍洋野菜ミックスを使う

煮込まない

耐熱ボウルでできるグラタン

マカロニもゆでる必要なし！！

朝にぴったりの食べるスープ

いろいろな食感を楽しめる冷凍カットかぼちゃ

あらつぶしかぼちゃとベーコンのミルクスープ

15分

冷凍野菜 かぼちゃ

たんぱく質 ベーコン

材料　1人分

冷凍かぼちゃ	100g
ベーコン	1枚
玉ねぎ	1/8個
バター	4g
コンソメスープの素	小さじ1/2
水	1/2カップ
牛乳	1/2カップ
塩・こしょう	少々

1 ベーコンは1㎝幅に切り、玉ねぎは粗いみじん切りにする。

2 鍋を火にかけバターを溶かし、1を入れて炒め、玉ねぎが透き通ってきたら、水とコンソメスープの素を加える。

3 煮立ったら、冷凍かぼちゃを加え火が通るまで5〜6分煮て、かぼちゃを木べらで粗くつぶしたら牛乳を加えて、塩、こしょうで味を調え、器に盛る。

かぼちゃとベーコンのみそ汁

10分

冷凍野菜
かぼちゃ

たんぱく質
ベーコン

ベーコンは、
ブロックタイプを使うと
食べ応え感がアップ!!

材料　1人分

冷凍かぼちゃ ····· 75g
ベーコン ············ 1枚
玉ねぎ ················ 1/8
だし汁 ·········· 1カップ
みそ ············ 小さじ2

1 ベーコンは2㎝幅に切り、玉ねぎは1㎝幅のくし形に切る。

2 鍋にだし汁を入れて煮たて、冷凍かぼちゃを加えて火が通るまで5分ほど煮る。1も加えてさらに2〜3分煮て、みそを溶き入れる。

食べる直前に
バターを加えると
さらにコクが出ます!

みそ汁にまさかのベーコン

すぐできるのに本格派

すりおろす必要なし！
ハードルが低い冷凍とろろ

さば水煮缶の
とろろかけ冷汁

10分

冷凍野菜　とろろ

たんぱく質　さば缶

材料　2人分

冷凍すりおろしとろろ …… 1袋（40g）
さば水煮缶 ………… 1/2缶（95g）
木綿豆腐 ……………… 1/6丁（50g）
きゅうり ……………………… 1/2本
しその葉 ……………………… 2枚
みそ ………………………… 小さじ2
おろししょうが・みりん・すり白ごま
………………………………… 各小さじ1
だし汁（冷ましておく）…… 1/2カップ
きざみのり ……………………… 適宜

1 冷凍とろろは袋のまま水を張ったボウルに6分ほどつけて解凍する。木綿豆腐は食べやすい大きさにちぎって水けを切っておく。

2 きゅうりは薄い輪切りにし、しその葉は細切りにする。

3 器にみそ、おろししょうが、みりん、すり白ごま、さばの水煮の缶汁を加えてなじむまで混ぜる。

4 3にだし汁を注ぎ、粗くほぐしたさば水煮ときゅうり、しその葉、豆腐を加えて混ぜ、解凍したとろろをかけて、好みできざみのりを載せる。

さば缶と豆腐のたたききゅうり明太とろろ和え

10分

冷凍野菜
とろろ

たんぱく質
さば缶

食欲のない日も
スルスル食べれる!

材料　1人分

冷凍すりおろしとろろ …… 1袋(40g)
さば水煮缶 …… 1/2缶
木綿豆腐 …… 1/6丁(50g)
辛子明太子 …… 1/8腹(15g)
ごま油・白だし …… 各小さじ1
きゅうり …… 1/2本
きざみのり …… 適宜

1 冷凍とろろは袋のまま水を張ったボウルに6分ほどつけて解凍する。きゅうりは麺棒などで叩いてひびを入れ、ひと口大に切る。

2 さば水煮缶は缶汁を軽くきって粗くほぐし、木綿豆腐は食べやすい大きさにちぎって水けをきっておく。

3 ボウルに1とごま油、白だし、薄皮を取り除いた辛子明太子を入れて混ぜ、2を入れて軽く混ぜて器に盛り、好みできざみのりを載せる。

さば缶の代わりに
ツナ缶でも
おいしくいただけます!

明太子との相性抜群!

トマトと合わせると見た目も最高！冷凍アボカド・・・・・・ホットアボカドへ

トマトとアボカドのマヨおかかチーズ焼き

18分

冷凍野菜　アボカド　たんぱく質　はんぺん

材料　1人

冷凍アボカド……………………50g
トマト………………………1/2個
はんぺん……1/2枚（40~45g）
ピザ用チーズ……………………20g

＜おかかナヨネーズ＞

マヨネーズ………………大さじ1
粒マスタード………………小さじ1
しょうゆ…………………小さじ1/2
かつお節……………小1袋（2g）

1 はんぺんは縦3等分に切ってから1.5㎝幅に切り、トマトは1㎝幅の半月切りにする。

2 マヨネーズに粒マスタードとしょうゆを加えて混ぜ、滑らかになったらかつお節を加え混ぜ合わせておかかマヨネーズをつくっておく。

3 耐熱皿に1と冷凍アボカドを彩りよく並べ、おかかマヨネーズを広げて載せ、ピザ用チーズを散らしてオーブントースターで色がつくまで10～15分焼く。

トマトとアボカド、はんぺんのゆかりマヨ和え

材料　1人分

- 冷凍アボカド …………………… 50g
- トマト ……………………………… 1個
- はんぺん …… 小1/2枚(25～30g)
- マヨネーズ ………………… 大さじ1
- しょうゆ ………………………… 少々
- ゆかり …………………… 小さじ1/2

5分

冷凍野菜：アボカド
たんぱく質：はんぺん

1 冷凍アボカドは耐熱皿に広げ、ラップをふんわりとかけて電子レンジで30秒ほど加熱し、そのままおいておく。トマトはひと口大の乱切りに、はんぺんはほかの材料に合わせた大きさのひと口大に切る。

2 ボウルにマヨネーズとしょうゆ、ゆかりを入れて混ぜ、1を加えて和え、器に盛る。

冷凍か

生まれはメキシコ、食べれば日本

カット野菜や冷凍野菜を日常的に使っていても、玉ねぎ、にんじん、トマト、にんにく、しょうがなど、気がつけばキッチンで幅を利かす常備野菜。使い切る前に、腐らせる、芽が出る、ミイラになるという経験はありませんか？　常備野菜は簡単にホームフリージングできて、使い勝手がいいのでおすすめです。

※冷凍保存袋に日付を入れ、ホームフリージングした野菜は２～３週間を目安に使い切りましょう。

玉ねぎ編

玉ねぎは半分だけ、１／４だけ使うということも多いですよね。残ったものにラップをして冷蔵保存して、そのまま忘れてしまうことも。使わなかった分は、カットして速攻冷凍してしまいましょう。

玉ねぎの皮をむき洗って水分をペーパータオルで拭きとる

よく使う形に切る

スライス
飴色玉ねぎ用に、サラダに

くし切り
炒め物や煮込みに

みじん切り
ハンバーグなどに

切り方別に分けて、冷凍保存袋に入れてフリージング！

残った分はすぐさまカットして冷凍に！

さあ、今日は玉ねぎを刻むぞー！　そんな覚悟は必要ありせん。たとえば、みそ汁用に玉ねぎを半分だけ使ったら、残りをみじん切りにして冷凍。別の日に、ソテーで半分使ったなら、残りをスライスして冷凍、という具合にすればOK。

※冷凍すると組織が壊れるので、火が早く入るというメリットもあります。

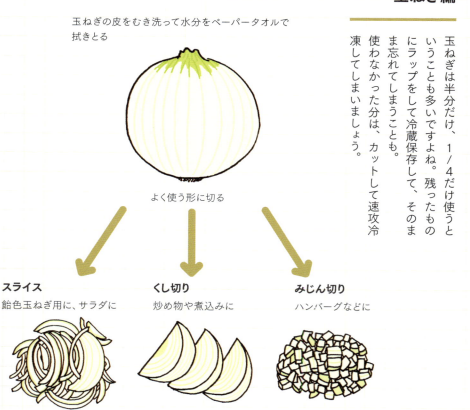

サクッと冷凍すれば、パパッと使える

常備野菜をホームフリージング

トマト編

たくさんいただいたり、安いときに大量に買ったりして使い切れないと判断したら冷凍がおすすめ。半分だけ使ったら、残った半分は冷凍してしまいましょう。

洗ってヘタをとる

ヘタをくりぬく

水けをとる

そのまま

カットしてパスタや
煮込み料理に

乱切り

煮込み料理に使える

ミニトマト

重ならないようにフリージング。
煮込み料理に

※フリージングしたトマトは、湯むきしなくても水をかけるとスムーズに皮がむけるメリットがあります。

切り方別に分けて、冷凍保存袋に入れてフリージング！

毎日使える便利な冷凍保存袋

カットした野菜などを冷凍保存する場合、ポリ袋やビニール袋では霜がついてしまうことが多々あります。そこで便利なのが冷凍保存袋。ジップなどがついて密閉性が高いものほど霜のつく恐れもなく、食品の酸化も抑えます。
さまざまな形、大きさ、素材のものが市販されており、中には食パン専用といったものまであります。

にんじん編

にんじんは使いたいけれど、一度に1本全部は使わない！　ましてや3本入りなんて多すぎて、購入することをあきらめてしまうことも。たくさん買っても大丈夫です、とにかく下処理して冷凍しましょう。

洗って、ペーパータオルなどで水けをふく

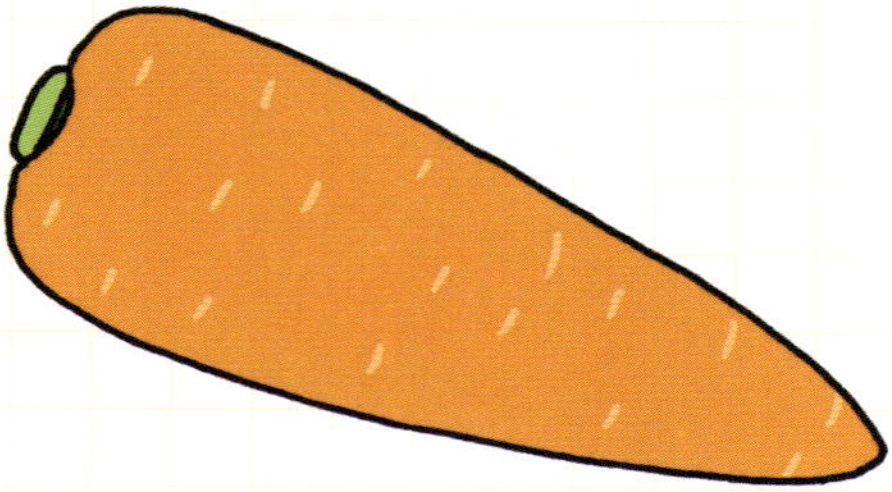

薄いいちょう切り

汁物やポテトサラダなど

せん切り

キンピラやサラダに

すりおろす

カレーやソースに

形状別に冷凍保存袋に入れてホームフリージング

冷凍した野菜・肉だけでカレーをつくる

ホームフリージングした野菜と肉を一気に片付けてしまいましょう。最強のメニューはカレー！
冷凍した玉ねぎ（切り方はなんでもOK）、トマト、肉、にんじんを鍋にまとめて投入。ふたをしてとろ火にかけ、水分が出てきてぐつぐつし出したら（水分が少なければお湯を足す）市販のカレールウを加え、かき混ぜながら仕上げていきます。ルウの量は味見をしながら調整していきます。

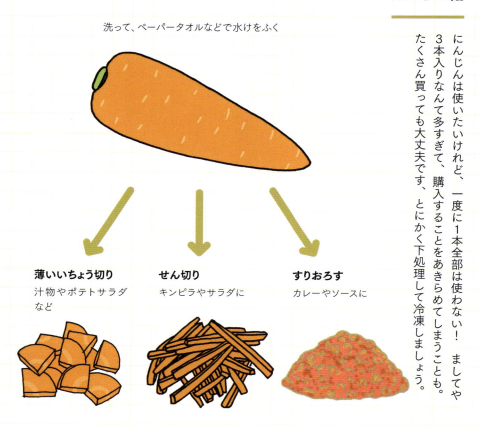

長ねぎ編

いろいろな料理に使える長ねぎですが、一度に大量に使うことはあまりありません。1本買いすれば使い切れるのですが、やはり3本セットを買ってしまいます。そんなときは、いきなり冷凍です。

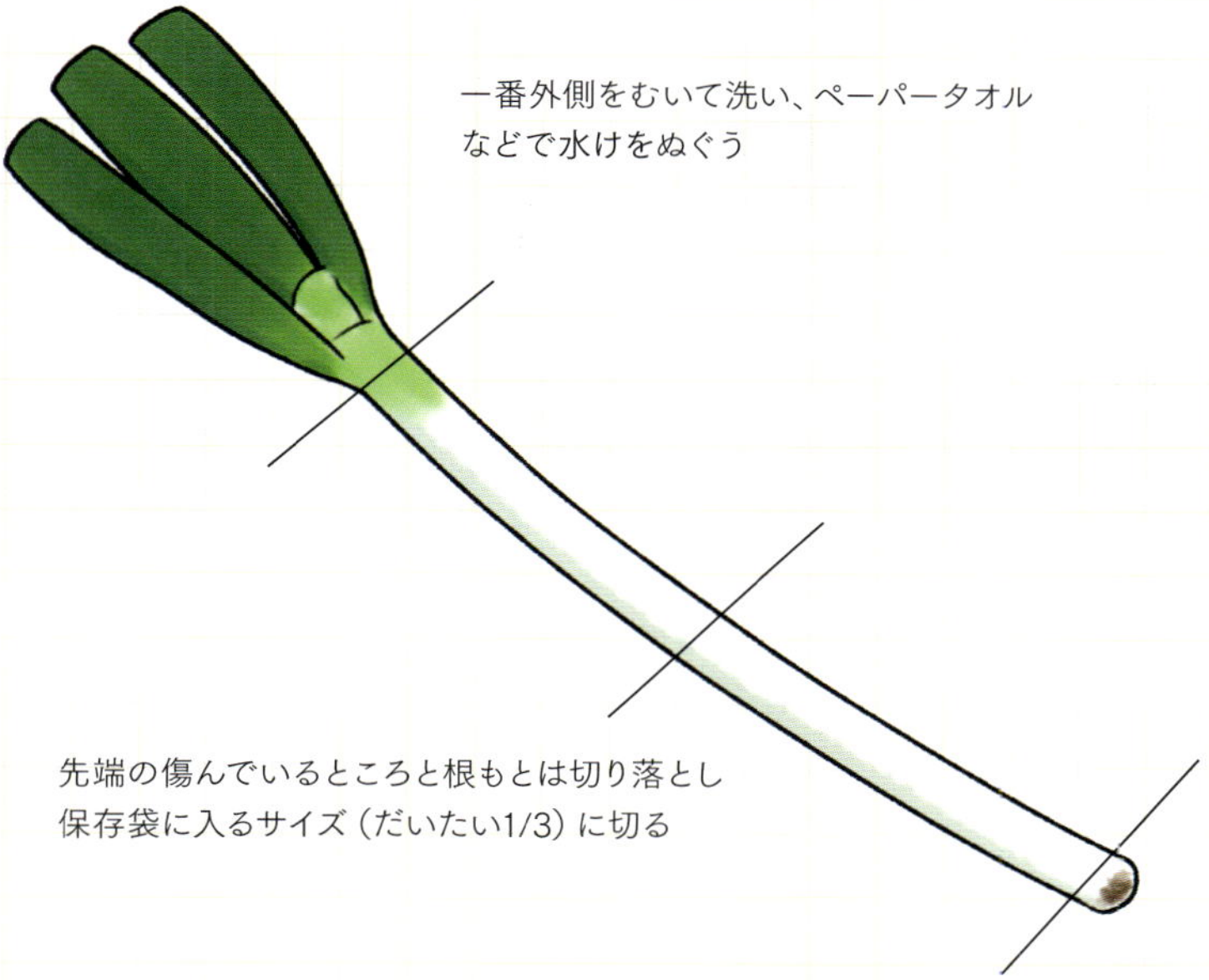
一番外側をむいて洗い、ペーパータオル
などで水けをぬぐう
先端の傷んでいるところと根もとは切り落とし
保存袋に入るサイズ（だいたい1/3）に切る

冷凍保存袋に入れてフリージング！

緑の部分と白い部分を分け、ラップしてからフリージング。使うときには凍ったままカット（できます）して使います。ああ、ねぎがあれば……、そう思ったことはありませんか？

これさえ用意しておけば、そんな心配がご無用です。

にんにく・しょうが編

一度に使い切れない野菜の代表選手が、にんにくとしょうが。残ったら、さっさと冷凍してしまいましょう。

カットしたり、すったりしてからの冷凍もありですが、メンドーだなという方にオススメなのが、そのまま冷凍です。

1片ずつそのまま冷凍

にんにくはバラして、1片ずつに皮付きをラップして、冷凍保存袋に入れてフリージング。手は冷たいですが、冷凍のまますり下ろしたり、切ったりできます。

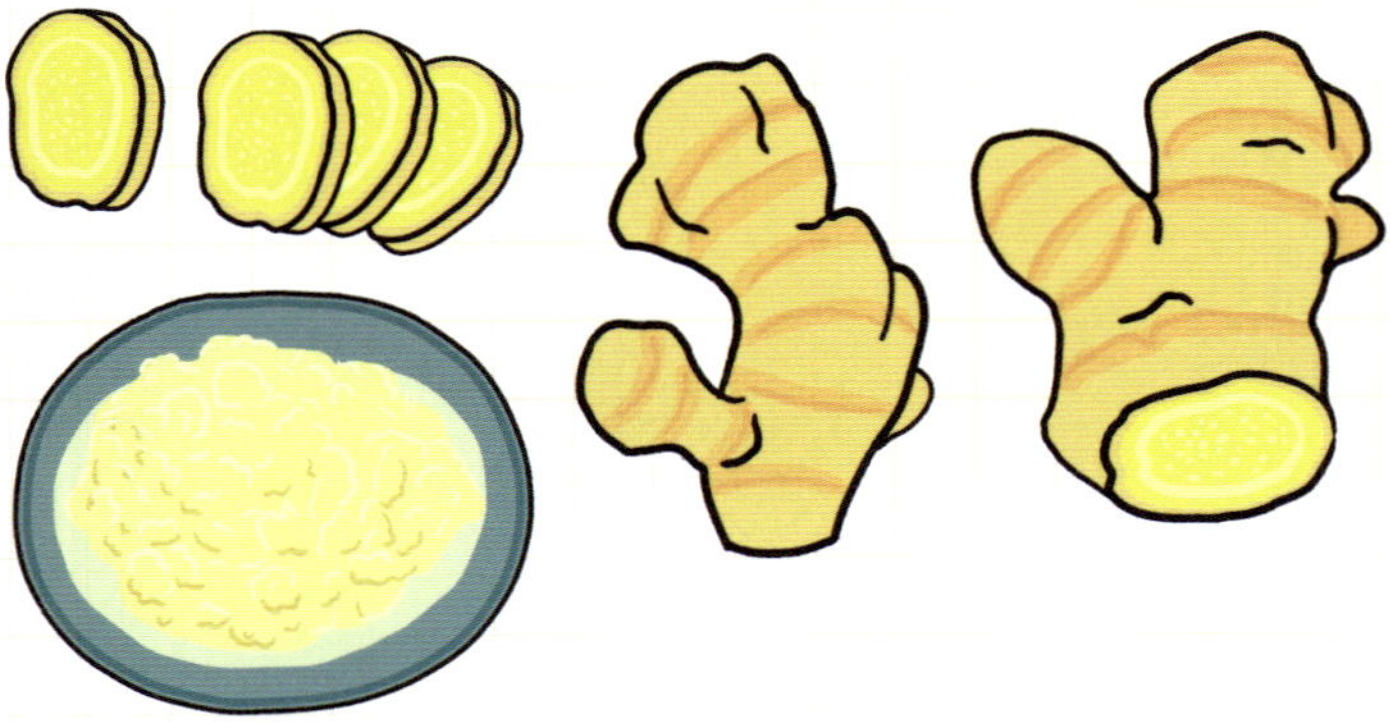

一かけでもスライスしてもOK

しょうがは水洗いして水けをとり、一かけ（親指の第一関節までくらい）に切る。これをラップで包んで、冷凍保存袋に入れてフリージング。スライス、すりおろしも種類ごとに冷凍するといいでしょう。

※にんにくやしょうがは、冷凍したものを使い切ってから購入するようにすると、サイクルがうまくいきます。

第3章

乾物・缶詰は保存食の帝王だ！

乾物・缶詰は保存食の帝王だ！

ひと晩水に浸して
アクをとったり
ジ
差し水したり
コトコト

「乾物なんて扱いが面倒」「年寄りくさいよね」、そんな声も聞こえますが、実は乾物は超便利アイテム。**ちょっと使いも可能なうえ、栄養価は高い、保存は効く**、と三拍子揃っています。

たとえば干ししいたけには**生のしいたけには含まれないビタミンDが豊富**です。さらに3大旨み成分のひとつ「グアニル酸」が含まれています。このグアニル酸も生のしいたけには含まれない成分です。

切り干し大根は食物繊維の権化でキャベツの10倍以上もあり、水溶性と不溶性の両方がバランスよく含まれています。また、ビタミンB_1やB_2もたっぷり含んでいます。**ひじきは食物繊維をはじめミネラルが豊富**です。貧血予防につながる鉄や、骨の形成に役立つカルシウムにいたっては牛乳の2倍、食物繊維はごぼうの7倍も含む優良児です。**高野豆腐は更年期障害を和らげることで知られている**

お手軽、簡単に栄養もとれるわよ
BEANS

大豆イソフラボン、抗酸化作用のあるサポニン、動脈硬化予防によいとされるレシチンなどを含む超健康食材です。このように、**乾物は一見地味だけれど、実力派のスーパー食材**なのです。

一方、「缶詰は非常食として常備している」「けっこう使っている」という方も多いでしょう。たしかに**缶詰は、長期保存の帝王**です。よく使う缶詰の代表といえばツナ缶ですが、普段使いにぜひとも加えたいのが豆！

豆は水に浸けて一晩おいて、それからコトコト煮るという調理の面倒な食品の代表ですが、**大豆缶やミックスビーンズ缶はすでに水煮や蒸しで第一調理が終了しているので、そのままでも食べられ、調理でも時短ができます**。なにより良質なたんぱく質や食物繊維を手軽にとることができます。もし、いままで敬遠していたのなら、この機会にどしどし利用してみてはいかがでしょう。

ごも存在感を発揮

面倒な手順が飛ばせる！ミックスビーンズ缶

豆のドライパック缶

豆を缶に詰めて高真空状態で、水をまったく加えず蒸しあげます。豆の持つ風味や栄養が水に溶け出さないので栄養も高いままです。

ミックスビーンズはメーカーによって使用する豆が異なりますが、おおむね大豆、レッドキドニー（赤いんげん）・マローファットピース（青えんどう）・ガルバンゾ（ひよこ豆）などが使用されています。

下準備が不要な上、すでに調理されているのでそのままで食べることも可能。時短のお助け素材といえるので、ぜひ常備しておきたいものです。

ミックスビーンズとサラダチキンのマリネサラダ

黒オリーブの輪切りを散らすと、味も見た目もアクセントに！
脱煮豆！ サラダ

10分

乾物・缶詰
豆缶

たんぱく質
サラダチキン

材料　1人分

サラダチキン……小1/2個（40g）
ミックスビーンズ……1/2缶（50g）
ミニトマト……4個
きゅうり……1/2本
塩……少々
＜サラダソース＞
ケチャップ……大さじ1/2
マヨネーズ……大さじ1

※写真は2人前です。

1 ミニトマトは半分に切っておく。きゅうりは5㎜幅の輪切りにして塩をまぶして5分ほど置いて水けを軽く絞っておく。サラダチキンは食べやすい大きさに切っておく。

2 ボウルにサラダソースの材料を入れて混ぜ合わせたら、ミックスビーンズ、1を加えて和え混ぜる。

栄養豊富なミックスビーンズはドライパックがGOOD!

たんぱく質が豊富な大豆は脂質が少なく、食物繊維やイソフラボンがとれることでも注目です。いんげんは鉄やビタミンB_1を含み、ひよこ豆は葉酸や亜鉛が豊富に含まれています。青えんどうはビタミンB_1、亜鉛が多いのが特徴です。
一からゆでるのは面倒ですが、缶詰のドライパックならいきなり調理できるので利用したいものです。

香りが食欲をそそる

水に浸さず、加熱せず
一気にスープにイン！・大豆缶

大豆とベーコンのミネストローネ風

15分

乾物・缶詰：豆缶

たんぱく質：ベーコン

材料　1人分

大豆缶……………… 1/4缶（40g）
ベーコン………………………… 1枚
玉ねぎ……………………… 1/8個
にんじん…………………… 1/6本
冷凍ブロッコリー……………… 30g
オリーブ油…………………… 適量
水………………………… 1カップ
コンソメスープの素…… 小さじ1/2
ケチャップ………………… 大さじ1
塩・こしょう…………………… 少々

1 ベーコンは1㎝幅に切る。玉ねぎとにんじんは7～8㎜角に切る。

2 鍋にオリーブ油を熱しベーコンを入れて炒め、油が出てきたら玉ねぎとにんじんを加えて炒める。

3 2に大豆を加えてさっと炒めたら、水とコンソメスープの素を入れて、にんじんが軟らかくなるまで煮る。

4 3に冷凍ブロッコリーとケチャップを加え、さらに5分ほど煮たら、塩、こしょうで味を調える。

大豆とベーコンのしょうがコンソメスープ

10分

乾物・缶詰：豆缶　たんぱく質：ベーコン

材料　1人分

- 大豆缶 ……………… 1/4缶（40g）
- ベーコン ……………………… 1枚
- 玉ねぎ ……………………… 1/8個
- にんじん …………………… 1/8本
- レタス ……………………… 2枚
- ごま油 ……………………… 適量
- 水 …………………………… 1カップ
- 鶏がらスープの素 ……… 小さじ1/2
- おろししょうが（チューブ）…… 1cm
- しょうゆ …………………… 小さじ1
- みりん …………………… 小さじ1/2

1 ベーコンは1cm幅に切り、玉ねぎは薄切りに、にんじんはせん切りにする。レタスはひと口大にちぎる。

2 鍋にごま油とベーコン、玉ねぎ、にんじんを入れて炒め、玉ねぎがしんなりしてきたら大豆を加え、水、鶏がらスープの素、みりんを加えて煮立てる。

3 レタスとしょうゆを入れて味を調え、レタスがしんなりする程度に火が通ったら、最後におろししょうがを加えてひと混ぜして器に盛る。

冷凍ミックスベジタブルを使うともっと時短に！

しょうがで風味を
レタスで食感を

煮る・炒めるだけじゃない
組み合わせ自由自在のホールコーン

具だくさんオムレツに
食感と甘みを提供

乾物・缶詰
コーン缶

たんぱく質
卵+ウインナソーセージ

レンチン スパニッシュオムレツ

10分

材料　1人分

ホールコーン……30g
ウインナソーセージ……1本
ピーマン……1個
卵……2個

＜調味料＞

コンソメスープの素……小さじ1/2
マヨネーズ……小さじ2
牛乳・パルメザンチーズ……各大さじ1

1 ピーマンは5㎜角に切っておく。ウインナソーセージは薄い輪切りにしておく。

2 ボウルに卵を割り入れ溶き、調味料をすべて入れてよく混ぜたら、1とホールコーンを加えて混ぜる。

3 2を耐熱皿に流し入れ（コンテナ型保存容器でもOK）、ふんわりとラップをかけて電子レンジで3分〜3分30秒加熱する。粗熱がとれたら、型からとり出し、食べやすい大きさに切り分ける。

ホールコーンの洋風炒り豆腐

10分

乾物・缶詰：コーン缶
たんぱく質：卵＋豆腐

フライパンを使わないオムレツです!!

材料　1人分

ホールコーン……25g
木綿豆腐……小1/2丁（100g）
卵……1個
ピーマン……1個
ごま油……大さじ1/2
めんつゆ……小さじ2・1/2
かつお節……適宜

1 木綿豆腐は手で大きめにちぎって水けをきっておく。卵は溶きほぐす。ピーマンは縦半分に切って種を取り、横細切りにする。

2 フライパンにごま油を熱し、ホールコーンと豆腐を入れて炒め、豆腐の水分が飛んできたら、ピーマンを加えて豆腐を粗く崩す程度に炒める。

3 めんつゆを加えて混ぜ、溶き卵を回し入れて半熟状に炒め、器に盛り好みでかつお節を載せる。

和洋折衷をつなぐコーン

で簡単カレー

飲むだけじゃない！
トマトジュースは
スープ兼調味料だ！

トマトジュースで煮込む さば缶キーマカレー

15分

乾物・缶詰　トマトジュース

たんぱく質　さば缶

材料　つくりやすい分量（2人分）

さば水煮缶 ……………………… 1缶
玉ねぎ ………………………… 1/4個
おろししょうが（チューブ）…. 2cm
おろしにんにく（チューブ）… 1cm
トマトジュース ……………… 200ml
ウスターソース …………… 大さじ1
カレールウ …………………… 2かけ
ごはん ………………………… 適量

1 玉ねぎはみじん切りにする。

2 耐熱ボウルに汁けを軽くきったさばの水煮、1、おろししょうが、おろしにんにく、トマトジュース、ウスターソースを加え、ふんわりとラップをかけて、電子レンジで6分加熱する。

3 ラップを外してカレールウを加え、さばをほぐしながら全体をよく混ぜ合わせる。もう一度ラップをかけてさらにレンジで1分30秒～2分加熱する。

4 3を取り出して軽く混ぜて、ごはんと共に器に盛る。

さば缶のミートソーススパゲッティ

10分

乾物・缶詰：トマトジュース
たんぱく質：さば缶

電子レンジ

材料　1人分

さば水煮缶	1/2缶
スパゲッティ	100g
ベーコン	1枚
玉ねぎ	1/8個
パルメザンチーズ	適宜

＜ソース＞

おろしにんにく（チューブ）	1cm
トマトジュース	200ml
ケチャップ	大さじ2
砂糖・ウスターソース	各小さじ1
水	1/4カップ

1 玉ねぎは薄切り、ベーコンは粗みじん切りにしておく。

2 耐熱ボウルに半分に折ったスパゲッティとほぐしたさば水煮（缶汁ごと）と1、ソースの材料をすべて入れて、ラップをふんわりとかけて、電子レンジで6分加熱する。

3 一度取り出してラップをはずし、スパゲッティをほぐしながら全体を混ぜ、再度ラップをかけて2分加熱する。

4 とり出して器に盛り、好みでパルメザンチーズをふる。

トマトとさばの旨みが凝縮

電子レンジでパスタ料理もできちゃう!

日頃、飲んでいるペットボトル飲料。飲むだけではなくて、実は調理にも使えます。味付けされていないものなら、「味変」ならぬ「風味変」が楽しめます。味がついていたら、もはや調味料。手元にあったらチャレンジしてみてはいかがでしょうか？

お茶編

もともと、お茶はよく料理に使われるアイテム。奈良の代表的な郷土食「茶がゆ」に始まり、豚肉の紅茶煮などもあります。お茶系が得意なのは素材を煮る料理です。味がつくというよりも「風味がつく」と感じるでしょう。

どのお茶も煮豚は大得意です。

コーン茶

ほんのり甘い香りが特徴のコーン茶は、コーンの炊き込みごはんに使えばコーン感ましましの出来ばえ。

煮豚をコーン茶でつくれば、肉のくさみを消し、香ばしく感じられます。

ジャスミン茶

お米を炊くときに水代わりに使うと、気分はジャスミン米。

タイ料理のカオマンガイでも水の代わりに使うと、くさみもなくさっぱりとした風味に。エスニック料理によく合います。

お茶や清涼飲料水も、意外と使えるっ!!

ペットボトル飲料を調理に!?

麦茶

ポッサム（ゆで豚）に使ってみるとビックリ。肉のくさみを消してくれるのに、主張しすぎない奥ゆかしさ。

麦茶をだし代わりにした野菜と豚肉のスープもおすすめ。

コーラ編

「まさか、コーラを料理に使うの?」と驚く人は少ないでしょう。いまやコーラは当たり前のように料理に使われています。コーラは糖類（ブドウ糖や砂糖）、炭酸、カラメル、酸味料、香料、カフェインで構成されています。ということは、足りないのは塩味。これさえ加えれば立派な調味料です。

コーラで肉を煮る≒照り焼きのタレで煮る、と考えましょう。
角煮なら、コーラに含まれる炭酸が肉を軟らかくし、しょうゆを加えるだけでほぼほぼ照り焼きのたれと化して上手に仕上がります。
鶏の手羽先を煮ても、骨離れがよく、軟らかく仕上がります。

ビタミンDの宝庫、乾物の王様
干ししいたけの旨みを
十分に発揮！

すっぱさは、もずく酢の仕事

干ししいたけの酸辣湯《サンラータン》風

10分

乾物・缶詰　干ししいたけ

たんぱく質　卵

材料　1人分

ハム……2枚
干ししいたけ（薄切り）……3g
もやし……小1/2袋（75g）
小ねぎ……2本
水……1カップ
鶏がらスープの素……小さじ1/2
酒……大さじ2
もずく酢（味付け・市販）……1個（50g）
しょうゆ……小さじ1
塩・こしょう……少々
溶き卵……1個分
ごま油……小さじ1/2
ラー油……適宜

1 ハムは細切りにしておく。小ねぎは3～4cmの長さに切っておく。

2 鍋に水と鶏がらスープの素、酒、干ししいたけを入れて火にかけ、煮立ったら弱火にして約5分煮る。

3 2にハムともやしを加えて2～3分煮たら、もずく酢、しょうゆを加え、塩、こしょうで味を調える。再度煮立ったら、小ねぎと溶き卵を加え、ごま油を回し入れて火を止め、好みでラー油をたらす。

焼き厚揚げのサンラーあんかけ

15分

乾物・缶詰：干ししいたけ

たんぱく質：厚揚げ＋卵

材料　1人分

厚揚げ……大1/2枚
ハム……1枚
干ししいたけ（薄切り）……2g
もやし……小1/4袋（35g）
小ねぎ……2本
水……60ml
鶏がらスープの素……小さじ1/2
酒……大さじ2
もずく酢（味付け・市販）……1個（50g）
しょうゆ……少々
片栗粉……小さじ1/2
塩・こしょう……少々
溶き卵……1個分
ごま油……小さじ1/2
ラー油……適宜

1 厚揚げは縦半分に切ってから1.5cm幅に切って、天板にアルミホイルを敷いたオーブントースターでこんがり焼き色がつくまで7～8分焼く。

2 ハムは細切りにしておく。小ねぎは3～4cmの長さに切っておく。

3 鍋に水と鶏がらスープの素、酒、干ししいたけを入れて、煮立ったら弱火にして約5分煮る。ハム、もやし、もずく酢、しょうゆを加えてかき混ぜながら煮て、同量の水（分量外）で溶いた片栗粉を加えとろみがでてきたら、溶き卵を回し入れ、小ねぎとごま油を加えて軽く混ぜてひと煮立てする。

4 器に1を盛り、3をかけて好みでラー油をたらす。

しいたけの旨みを厚揚げがキャッチ

ミネラルたっぷりな
きくらげの食感が
アクセントに！

きくらげ入り ゴーヤチャンプルー

10分

乾物・缶詰　きくらげ

たんぱく質　スパム缶＋卵

材料　1人分

カットきくらげ（乾燥）………… 大さじ1
ゴーヤ ………………………………… 1/2本
スパム（ランチョンミート缶）…. 1/4缶
溶き卵 ……………………………… 1個分
ごま油 ……………………………… 小さじ1
みりん ……………………………… 小さじ1
しょうゆ ………………………… 小さじ1/2
塩・こしょう ………………………… 少々
かつお節 …………………………… 適量

1 きくらげはぬるま湯に約10分浸して戻す。

2 ゴーヤは縦半分に切り、タネとワタを取り5〜7㎜幅の薄切りにし、塩（小さじ1/2・分量外）をまぶして、しんなりしたら、さっと水洗いをして水けを軽く絞っておく。スパムは1㎝幅の短冊切りにしておく。

3 フライパンにごま油を中火で熱し、スパムを並べ入れて焼き色がつくまで1〜2分焼いて上下に返しはじに寄せ、あいたところにゴーヤときくらげを入れて炒める。

4 みりん、しょうゆ、塩、こしょうで調味し、溶き卵を回し入れ半熟状になったら器にとり、かつお節を載せる。

きくらげとゴーヤ、スパムのごま和え

15分

乾物・缶詰：きくらげ
たんぱく質：スパム缶

ゴーヤチャンプルーに
きくらげが新しい

材料　1人分

カットきくらげ（乾燥）…………… 大さじ1/2
ゴーヤ ……………………………… 1/4本
スパム（ランチョンミート缶）…. 1/6缶（15g）
ごま油 ……………………………… 小さじ1/2

＜和えだれ＞

砂糖 ………………………………… 小さじ1
しょうゆ ………………………… 小さじ1・1/2
すり白ごま ……………………… 大さじ1/2

1. きくらげはぬるま湯に約10分浸して戻す。スパムは7〜8㎜幅の短冊切りにしておく。
2. ゴーヤは縦半分に切り、タネとワタを取り5〜7㎜幅の薄切りにしたら、たっぷりの熱湯でゆでて水にさらし、水けを絞っておく。
3. フライパンにごま油を熱し、1をさっと炒める。
4. ボウルに和えだれの材料を入れて混ぜ、2と3加えて和え、器に盛る。

鉄板のゴーヤとスパムを和え物に

る

和素材なのに目から鱗のイタリアン！食物繊維の権化・切り干し大根

乾物･缶詰

切り干し大根

たんぱく質

ツナ缶

切り干し大根とツナのアラビアータ

8分

材料　1人分

- 切り干し大根 …………………… 10g
- 黄パプリカ …………………… 1/3個
- ツナ缶（水煮） …………… 小1/2缶
- おろしにんにく（チューブ） …… 1cm
- 赤唐辛子（輪切り） …… ひとつまみ
- オリーブ油 ………………… 小さじ1
- トマトベースの野菜ジュース（無塩・無糖） ……………… 100ml
- コンソメスープの素 …… 小さじ1/2
- 小ねぎ（小口切り） …………… 適宜
- 粉チーズ ……………………… 適宜

1. 切り干し大根はさっと洗って水けを絞り、食べやすい大きさに切っておく。黄パプリカは薄切りにしておく。
2. 鍋にオリーブ油と、ツナ缶を汁ごと入れ、おろしにんにく、赤唐辛子を加えて弱火にかけ、香りが出てきたら切り干し大根も加えて炒める。
3. 2に野菜ジュースとコンソメスープの素、黄パプリカを加え、強めの中火で時々ほぐしながら汁けがなくなるまで炒め煮にする。
4. 器に盛り、好みで小ねぎを載せ、粉チーズをかける。

切り干し大根とツナのサラダ

ピリ辛が癖に

8分

乾物・缶詰：切り干し大根
たんぱく質：ツナ缶

材料　1人分

切り干し大根 ………………… 10g
黄パプリカ ………………… 1/4個
ツナ缶（水煮）………… 小1/2缶
鶏がらスープの素 …. ひとつまみ
水 ………………………… 1カップ
パクチー …………………… 適宜

＜合わせだれ＞
おろしにんにく（チューブ）….. 1cm
赤唐辛子（輪切り）….. ひとつまみ
レモン汁・ナンプラー … 各小さじ1
砂糖 …………………… 小さじ1/2

1 切り干し大根はさっと洗って水けを絞り食べやすい大きさに切っておく。黄パプリカは薄切りにしておく。

2 鶏ガラスープの素と水を鍋に入れて沸かしたら、1の切り干し大根を加え2～3分煮た後、ざるにあげておく。

3 ボウルに合わせだれの材料を入れて混ぜ、汁けをきったツナと黄パプリカ、水けを絞った2を加えて全体がなじむまでよく混ぜ、器に盛り、好みで刻んだパクチーを載せる。

和の素材がエスニックに変身！

一瞬ハリハリ漬け！
食べれば酒のおつまみに！

卵とじに高野豆腐をプラスすれば
たんぱく質爆上がり

だしをたっぷり吸い込んだ高野豆腐

高野豆腐と玉ねぎとニラの卵炒め

乾物・缶詰
高野豆腐

たんぱく質
卵

10分

材料　1人分

高野豆腐 …………………… 1個
溶き卵 …………………… 1個分
玉ねぎ …………………… 1/4個
ニラ …………………… 1/5束
ごま油 …………………… 小さじ2

＜たれ＞

オイスターソース・酒
…………………… 各大さじ1/2
しょうゆ …………………… 小さじ1

1 高野豆腐はぬるま湯に漬けて戻して水けを絞って、縦1～1.5㎝幅に切っておく。玉ねぎは1㎝幅程度のくし形に、ニラは5㎝の長さに切っておく。たれの材料を混ぜておく。卵は溶きほぐしておく。

2 フライパンにごま油を中火で熱し、高野豆腐に焼き色がつくまで炒めたら、はじに寄せて玉ねぎを加えてさっと炒め混ぜ、ふたをして2～3分蒸らしながら火を通す。

3 玉ねぎが透き通ってきたら、火を少し強めたれとニラを加えて炒め合わせ炒め混ぜる。溶き卵を回し入れ、大きく混ぜて火を通して器に盛る。

高野豆腐とブロッコリーの明太卵とじ

10分

乾物・缶詰　**高野豆腐**

たんぱく質　**卵**

材料　1人分

高野豆腐 ……………… 1個
玉ねぎ ……………… 1/4個
冷凍ブロッコリー ……… 30g

＜卵液＞

卵 ……………………… 1個
辛子明太子 …………… 15g

＜煮汁＞

だし汁 ………… 1/2カップ
酒・みりん …… 各大さじ1/2
しょうゆ …………… 小さじ1

1. 高野豆腐はぬるま湯に漬けて戻し、水けを絞り2㎝角に切っておく。玉ねぎは縦薄切りにしておく。
2. 卵を割りほぐし、薄皮を取った辛子明太子を入れ軽く混ぜ、明太卵液を作っておく。
3. 鍋に煮汁の材料を入れて強火にかけ、煮たったら1と冷凍ブロッコリー加え中火で5分ほど煮る。明太卵液をまわし入れ、ふたをして半熟状になるまで1分ほど煮て火を止める。

明太プラスで新感覚

辛味が苦手な方はたらこを使ってね!

キャベツとひじきで
食物繊維の2乗＋ミネラル

ひじきがサラダに大変身!

ひじきとツナの コールスロー

15分

乾物・缶詰　ひじき

たんぱく質　ツナ缶

材料　つくりやすい分量（2人分）

芽ひじき（乾燥）……………… 小さじ1
せん切りキャベツ………………… 80g
塩………………………… ひとつまみ
ホールコーン……………… 大さじ1
ツナ缶（水煮）……………… 1/2缶

＜和えだれ＞

マヨネーズ……………………… 小さじ2
マスタード … 小さじ1/2（なしでも）
砂糖・しょうゆ……… 各小さじ1/3
塩・こしょう………………………… 少々

1 せん切りキャベツに塩をふり、5分ほどおいてしんなりしたら水けを絞っておく。芽ひじきはさっと洗ったら、たっぷりの湯で6〜7分程度ゆでてざるにあげ、水洗いして水けをきっておく。

2 ボウルに和えだれの材料を入れてよく混ぜ、1を加えてさらに混ぜ、汁けをきったツナとホールコーンを加えて和え、器に盛る。

ひじきとツナの梅ドレサラダ

15分

乾物・缶詰：ひじき
たんぱく質：ツナ缶

ツナの代わりに
かにかまぼこにすると
彩りもよくおすすめ!

材料　1人分

芽ひじき（乾燥）…… 小さじ1
せん切りキャベツ ……… 80g
塩 ………………… ひとつまみ
かいわれ菜 ……… 1/4パック
ツナ缶（水煮）……… 1/2缶

＜ドレッシング＞
梅干し ………………… 1個
酢・ごま油 ……… 各小さじ1
しょうゆ ………… 小さじ1/2
砂糖 ……………… 小さじ1/3

1 せん切りキャベツに塩をふり、5分ほどおいてしんなりしたら水けを絞っておく。ひじきはさっと洗ったら、たっぷりの湯で6～7分程度ゆでてざるにあげ、水洗いして水けを切っておく。

2 梅干しの種をとって粗くたたき、ドレッシングの残りの材料と共にボウルに入れて混ぜて、1と汁けをきったツナ、根元を落としたかいわれ菜を加えて和え、器に盛る。

梅干しの酸味が食欲をそそる!

変幻自在に使える
乾燥わかめでミネラルをゲット

わかめがアクセント！
まさかの麻婆味

乾物・缶詰
わかめ

たんぱく質
鶏ひき肉+豆腐

15分

たっぷりわかめの柚子こしょう塩麻婆

材料　1人分

鶏ひき肉……60g
絹ごし豆腐……小1/2丁（100g）
わかめ（乾燥）……大さじ1
えのきだけ……1/4袋（40g）
カットねぎ……1/2パック
おろししょうが（チューブ）……1cm
ごま油・片栗粉……各小さじ1
ラー油……適宜

＜調味料＞

柚子こしょう（チューブ）……2cm
鶏がらスープの素・みりん……各小さじ1/2
塩……ひとつまみ
水……1/2カップ

1 豆腐はさいの目に切り水けをきっておく。わかめはたっぷりの水に5分ほど浸けて水けを軽く絞る。えのきだけは根元を切り落として1cmの長さに切っておく。

2 フライパンにごま油とカットねぎ、おろししょうがを加えて中火にかけ、香りが立ってきたら鶏ひき肉とえのきだけを入れほぐしながら炒める。

3 肉の色が変わったら、調味料と絹ごし豆腐を入れ、煮立ったらわかめも加えて鍋をゆすりながら中火で約2～3分煮る。同量の水（分量外）で溶いた片栗粉を加え、大きくかき混ぜとろみをつける。

4 器に盛り、好みでラー油をたらす。

ひき肉のわかめスープ

10分

乾物・缶詰　わかめ

たんぱく質　鶏ひき肉

材料　1人分

鶏ひき肉 ………………………… 50g
わかめ（乾燥） …………… 大さじ1
えのきだけ ………… 1/8袋（25g）
カットねぎ ……………… 1/2パック
おろししょうが（チューブ） …… 1cm
ごま油 …………………… 小さじ1
水 …………………………… 1カップ
ラー油 ………………………… 適宜

＜調味料＞
ゆずこしょう ……………………… 1cm
鶏がらスープ素 ……… 小さじ1/2
みりん …………………… 小さじ1/2
しょうゆ ………………… 小さじ1/2

1 わかめはたっぷりの水に5分ほど浸けて水けを軽く絞っておく。えのきだけは根元を切り落とし3等分に切っておく。

2 フライパンにごま油とおろししょうが、鶏ひき肉を入れて炒めて、ひき肉の色が変わったら水、調味料とえのきだけを加え中火で煮る。

3 わかめとねぎを加えてひと煮して器に盛り、好みでラー油をたらす。

プラス一品にしたい定番スープ。

わかめスープに
お肉をプラス

買った当初は使っているのに、気がつくと忘れ去られた存在になってしまうのが瓶詰。いつの間にか賞味期限はとっくに切れて……。

「ジャムはパンに塗るもの」「佃煮はごはんのお供」という固定観念を捨てて、他の料理にもどんどん使ってみましょう。

のりの佃煮編

のりをだしとしょうゆとみりんで煮てつくられるものです。ごはんのお供というこだわりを捨てて、塩味とだしとのりの風味を活かした使い方にチャレンジしてみてください。

バタートーストに塗る

※のりとバターは相性がとてもよい。

炊き込みごはんの調味料として使う

パスタソースとして使う

マーマレード編

オレンジの皮をスライスして砂糖とともに煮てつくられています。苦みと甘み、酸味のバランスがよく、肉料理との相性は抜群です。

鶏肉の煮込みに使う

魚料理のソースに使う

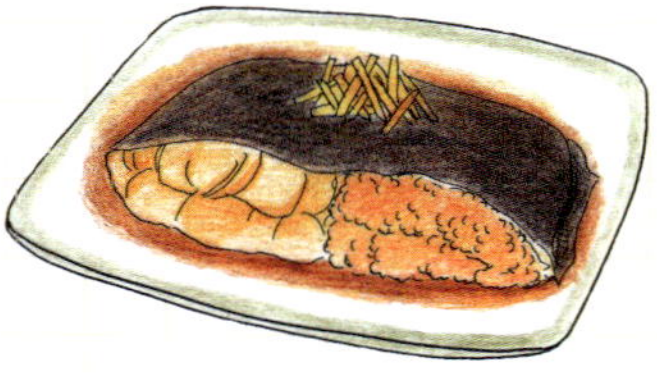

スペアリブの味付けに使う

冷蔵庫に死蔵されている瓶詰を救済！

残った瓶詰めを使いきるには

なめたけ編

えのきだけをしょうゆ、みりんなどで煮込んでつくられています。塩味と旨みがあるので、調味料としても活躍できます。

炊き込みごはんの主材料として使う

パスタソースとして使う

酒と合わせて煮魚の煮汁に使う

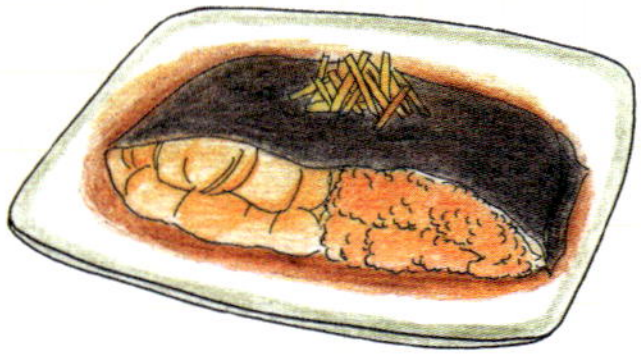

ピーナッツバター編

煎ったピーナッツをフードプロセッサーなどで細かく砕いて、砂糖やはちみつで調味したものです。練りごまと同じように使えます。

野菜のピーナツバター和え。
ごま和えと同じ要領で使う

しゃぶしゃぶのたれとして使う

豆板醤と混ぜて坦々スープの素として使う

さくいん

監修者略歴

金丸絵里加（かなまるえりか）

料理研究家、フードコーディネーター、
管理栄養士。女子栄養大学にて非常勤講
師を務める。テレビ出演や書籍の出版、
メニューコンサルティングなどでも活躍中。

お手軽食材で栄養がとれる
野菜＋たんぱく質　楽楽レシピ

2024年12月31日 第1刷発行

監　修	金丸絵里加
発行人	山本教雄
編集人	向井直人
発行所	メディカル・ケア・サービス株式会社 〒330-6029 埼玉県さいたま市中央区新都心 11-2 ランド・アクシス・タワー 29 階
発行発売	株式会社Gakken 〒141-8416 東京都品川区西五反田 2-11-8
印刷所	株式会社共同印刷

この本に関する各種お問い合わせ
- 本の内容については、下記サイトのお問い合わせフォームよりお願いします。
  https://www.mcsg.co.jp/contact/
- 在庫については Tel 03-6431-1250（販売部）
- 不良品（落丁、乱丁）については Tel 0570-000577
  学研業務センター　〒354-0045 埼玉県入間郡三芳町上富 279-1
- 上記以外のお問い合わせは　Tel 0570-056-710（学研グループ総合案内）